赵宏琴 / 著

没有故事的佼佼者

人民东方出版传媒

东方出版社

图书在版编目（CIP）数据

没有故事的佼佼者 / 赵宏琴著 . — 北京 : 东方出版社 , 2015.7
ISBN 978-7-5060-8328-7

Ⅰ. ①没…　Ⅱ. ①赵…　Ⅲ. ①教育工作　Ⅳ. ① G4

中国版本图书馆 CIP 数据核字 (2015) 第 162602 号

没有故事的佼佼者

（ MEIYOU GUSHI DE JIAOJIAOZHE ）

作　　者 : 赵宏琴
责任编辑 : 黄晓玉　王绍君
出　　版 : 东方出版社
发　　行 : 人民东方出版传媒有限公司
地　　址 : 北京市东城区朝阳门内大街 166 号
邮政编码 : 100706
印　　刷 : 石家庄继文印刷有限公司
版　　次 : 2015 年 8 月第 1 版
印　　次 : 2019 年 5 月第 3 次印刷
开　　本 : 710 毫米 × 1000 毫米　1/16
印　　张 : 12.25
字　　数 : 114 千字
书　　号 : ISBN 978-7-5060-8328-7
定　　价 : 39.00 元

序

几年前，我一个要好的同事，送给我一本书，这本书的题目是《送你一颗子弹》。拿到这本书的时候，我想，这本书的作者为什么不送读者点别的，比如一个故事呀什么的，却要送这么个带火药味道的东西。当时我不太喜欢那本书题目中"子弹"这个字眼。我倒喜欢有感染力的故事。当时，我已写好了一些随想杂文，我想把这些随想出版成一本书。在我考虑给自己的书定什么题目时，我有点想把该书命题为"送你一个故事"。但又不想有模仿《送你一颗子弹》这一标题的嫌疑，我就想把主题定为"我要一个故事"。生活中如果有很多好的故事，会给我们的工作和学习带来很大的乐趣。然而，我常常发现好的故事却是一个稀缺品。

这是从我自身的经历中认识到的一个教育问题。女儿上大学了，有一天，她发短信给我说，她感到自己进大学后，数学学习进入到了一个瓶颈状态，不知如何突破与提高。我想，浙江大学理工科学生中数学成绩好的学生可能不少，与他们聊聊，说不准可以淘点学数学的经验与启示。于是，有一天，我在上"传记体叙述研究"这门课前，在教室里的学生中转转，与他们聊聊，看看他们这些刚上大学一年级的学生中谁的数学学得好，有什么可以分享的学习经验与故事，使他人也能得到帮助。当时，有一个同学推举他的同桌说，同学 A 数学学得不错。我就想与 A 聊聊如何学好数学。我问："你是如何学习数学的？"同学 A 羞涩地说："也没什么，就是多想，多思考，多做题。"我追问："还有别的方法吗？"同学 A 重复讲道："就是多做题，思考，多想。"同样的几个词，只是换了个顺序。等了一会，他也没有别的好说的。我忍不住感慨道："数学学习的佼佼者，咋就没有与他人分享关于学习数学的故事呢？"大家都笑了，似乎都意识到，为什么学习这么好的"学霸"，同龄人中的佼佼者却没有可讲出来与他人分享的学习故事。我当时很期待听到一些关于学好数学的体会和经验呀什么的。

孩子们的学习经历与故事都到哪去了呢？这些学生们学习好，但却无法言说学习是如何好起来的，别人如何能分享到他们的学习故事与特别的体会呢？几天后，在上"高级英语写作课"之前，我问在座的另一个工科专业的学生："你们谁的数学学得好？"有个同学大声说："班长C数学好。"

我就问了C同学同样的问题："你是如何学习数学的？"

同学C回答说："多做题。"

我继续问道："还有呢？"

他继续回答说："多做证明题，多做计算题。"

我开玩笑说："还是做题，怎么又是没有故事的佼佼者！"

我就顺便给他们讲了我在"传记体叙述研究"课程中遇到的同样的故事，一个没有故事的佼佼者。大家听了都无奈地笑了。这样的教育故事不仅发生在我国高校理工科教室里或学生中，同样发生在文科学生中，通常在我的写作课程中，让学生做自传式写作时，如果不用特别的方法，也很难触及到孩子们去关照自己的学习故事或生活经历。因此，"没有故事的佼佼者"就自然成了这本书中的一篇文章了。

然而，这个"没有故事的佼佼者"的故事还没有就此完结。在"传记体叙述研究"最后一次课上，我邀请学生就他们正在准备的课程论文与教学内容提问题。这时，一个学生毫不犹豫地大声提问："老师，您感叹说过现在的优秀学子怎么没有故事，是没有故事的'佼佼者'，我想知道我们如何成为一个有故事的佼佼者。"

浙大的学生都是很优秀的学生，他们可以与老师对上话，还会争议老师的观点，能够把我们的故事发展出来。他们和我一样，确实是想要故事的人。这个问题虽然与本课程内容没什么直接关系，但是既然这位学生提出来了，我还是要回答的。我说："谢谢你提出这个问题，我们开设传记体叙述研究这样的课程就是为了拓展人文社科研究视角，增加你们的故事意识与抓获故事的敏感度，丰富你们创造故事的哲理知识、技术与能力，这样，你们不但能用这种方法做人文社科研究，还可以学会与人分享你们的人生经历与感悟。"当时，以自己的经历为例告诉孩子们，我发现如果我们对自己所做的事情充满兴趣与感情时，就会有很多的故事。

另一个学生举起手来，接过话题说："其实，我们在做数学题时，经过反复练习与思考，特别是在解出一道难题时，我们也非常开心，很欣喜的。"我回应道："还是做题的事。有没有与做题不一样的事？比如学习有没有增加你的人生乐趣或解答生活中的困惑等。"这时，同学A站起来说："我觉得做数学题是很好玩的，我曾经也思考过，用两天的时间想过，做这些题目有什么意义，对我们的成长有什么贡献？想了两天，也没找到答案。后来就不思考这些问题了，还不如多做题来得实际呢，所以后来就继续做题。"

我笑了起来，说道："还是在为做题辩护，不过你思考过两天。也许你需要两年或二十年才能得到答案，如果你继续思考的话，说不定，二十年后我们就有一位伟大的数学家呢。"大家都笑了起来。

我们的故事一直在继续发展。到了冬季学期的课堂上，我再次提到"没有故事的佼佼者"的论题，希望学生能借用已有的生活常识来学习理解这些课的哲理基础与学理知识。期末时，更有趣的事情发生了。两位学生在期末论文中回应了我的这个论调。一位以"课程感想"的方式给我写了一封信，另一位学生写了一篇题为"从'传记叙述研究课程'探究如何成为有故事的人"的课程论文。我把这封信与这篇课程论文都纳入了这本文集，以教育叙事的形式探索在我国教育空间里产生真实教育对话的可行性。

留意这些发生在日常教学生活中的教育现象，渐渐激发了我想要创造有教育意义的故事。想要听到在中国一流大学学习的学生以及所有的年轻人分享超越"考试做题"的学习故事。这样的故事一直在发展，后来有一位学生写了一篇题为"优等生，请说出你的故事"的课程论文，发出了感性的呼声。

在中国社会深入工业化与物质生活快速发展的当下，人们都开始想要一个能推动我们的孩子以及青少年健康成长与全面发展的故事，一个让他们感到学习意义与体验生命价值的纯粹的学习经历。如果这样的学习经历不明显，或者说我们的教育不能赋予我们孩子有意义的学习的话，就会出现"没有故事的佼佼者"这样的事情。后来本书的编辑建议把题目定为《没有故事的佼佼者》，让大家认识到如果教育诉求不当，就会出现教育效果不理想的现象，让我们一起来探讨教育诉求与结果之间的相互关系。我想这样也好。然而，如果我们的社会与家庭对学校与孩子提出"我要一个故事"这样的诉求，而不是要求孩子与学校天天做题与考试的话，我们的教育会别有一番景象，人们会分享更多珍贵的学习故事？

社会风气就成了教育的重要风向标。我把这几年对社会文化与教育的观察与思想碎片收集在这本文集里与读者共勉。这本文集内容记录了我从英国留学归国工作后对生活与教学的观察与思考。它用短篇文章与讲座讲稿的形式，把这些观察与思考用故事与对话的方式与广大读者进行分享。我采用生活中人们耳濡目染的社会与教育语言与读者进行交流。从而让更多的人对司空见惯的文化与教育现象进行思考与讨论，引起大家对教育文化的关注。我主要从以下角度来介绍这本文集：

内容涉猎丰富，视角广阔。我从国内外的生活与教育经历出发，主要就知识形态与知识形成渠道，在特定环境下道德情感与真理的关系，学者精神，知名人物，生死，生命与生活，创造力，社会现象，家庭教育，课程设置，教学方式，教室气氛，师生关系等教育生活与教学文化进行了呈现描述与批判性的思考。本文集选题时尚，反映了近年来作者对社会文化的观察和国家对创新诉求的思考反应。

焦点突出，方向感强。虽然本书表现为随想杂文的形式，但由于作者的教育学者身份、所处的教育环境的活动空间，以及自身对创造力的兴趣，随想与深度思考都自然指向解决一些大众关心的教育问题。比如，如何让我们的教育与生活发生紧密关系？通过这样的关系如何走上发展孩子的创造力的教育路径？介于中国人都有教育情结，结合国家创造力薄弱的现实，目标读者群可以是无界限的华语社会。

总之，本书力图用作者亲身经历与个人的私密想法与读者进行交流。所谓"亲身经历"就是说本书所涉及的全部内容都源于作者自己的生活；所谓"私密想法"是指这些故事全都是作者日常生活激发下产生的灵感。这些真实内容与思想灵感赋予了这本文集清新、生动与睿智的特点，同时又不乏风趣与幽默的元素。本书的宗旨是想邀请大家共同思考本土环境里的孩子教育文化，以及共同思考如何改变我们的教育环境。只有这样，我们才能放心孩子的健康成长。

赵宏琴
2015 年 3 月于杭州

目 录

第 1 章

我要一个故事

  在生活的其他方面，某种程度的单调、机械是必须忍受的，但是思想决不能包括在内。胡思乱想并不有趣，有趣是有道理而且新奇。在我们生活的这个世界上，最大的不幸就是有些人完全拒绝新奇。……知识虽然可以带来幸福，但假如把它压缩成药丸子灌下去，就丧失了乐趣。

——王小波

没有故事的佼佼者

女儿上大学了，发短信给我说，她感到自己进大学后，数学的学习到了一个瓶颈状态，不知如何突破与提高。我想，浙江大学理工科学生中数学成绩好的可不少，与他们聊聊，说不准可以淘点学数学的经验与启示。

于是有一天我在上"传记体叙述研究"课时提前一会儿到了教室。在学生中转转，与他们聊聊，看看他们谁的数学学得好。有一个同学推举他的同桌说，同学 A 数学学得不错。我就想与 A 聊聊如何学好数学。

我问："同学 A，你是如何学习数学的？"同学 A 羞涩地说："也没什么，就是多想，多思考，多做题。"我追问道："还有别的方法吗？"同学 A 重复道："就是多做题，思考，多想。"

同样的几个词，只是换了个顺序。等了一会儿，A 也没有别的好说的。我忍不住感慨道："你这个数学学得好的佼佼者，怎么就没有能与他人分享的关于学数学的故事呢？"大家都笑了，似乎都意识到，怎么学习好的佼佼者都没有故事可讲呢，他们的学习经历故事都到哪去了？

之后一天，上"高级英语写作课"之前，我问计算机专业的学生："你们谁的数学好？"有个同学大声说："班长 C 数学好。"我就问 C 同样的问题："你是怎么学数学的？"同学 C 回答说："多做题。"我继续问："还有呢？"他就"具体"的回答："多做证明题，多做计算题。"我开玩笑说："还是做题，怎么又是没有故事的佼佼者？"大家都笑了起来。

这让我想起美国哈佛大学教育心理学教授，多元智能理论的创始人，霍华德·加德纳（Howard Gardner，1943- ），"文革"后曾随美国的一个教育访问团到我国对中小学与大学进行访问，之后写了本书，题目是 *To Open Minds*。他在书中比较了中美教育体制中学生的学习状态，他写道："在中国，教育就像跑步比赛一样，孩子们在学校很早就开始接受科目教育，在教育中，又以最快的速度冲到学习的终点，当他们到达终点后，对于学习的过程却没什么好说的。而美国的教育却相反，孩子们在受教育的过程中，就像散步溜达一样，东看看，西瞄瞄，这样，当他们到达目的时就有很多要讲的。"这位教授似乎在短期访问观察中，很快地认识到了当时中国教育的特点。他的观察在某种程度上反映了我们的一些教育问题。教育成为追求结果的工具，使得学习者没能从学习探索过程本身感到乐趣，并没有在慢慢体会学习中成长。这样一来，人们通过教育达到某些目的后，反而不知道学习是一个什么样的经历，也不知道学习到底对自己的成长起了什么样的作用，结果就没有什么可分享的故事了。因此，近年来，人们开始呼吁教育要造就有故事分享的学习佼佼者。从那些科学家、艺术家以及科技奇才们那里分享得来的故事会成为最好的学习资料与激励源泉，教育要造就有故事的学习佼佼者，这样的佼佼者才有创造力。

语言与思维

2012 年的夏季学期剩下最后两个星期了。这两个星期里，上课基本是帮助学生把所学课程内容通过一个小型研究应用到现实问题的思考中去，也就是与学生们讨论如何做好课程论文研究的话题。

有一个学生说想研究大学生 QQ 用户通过个性签名表达的心理信息。他做了大致情况介绍后，举了个例子说，一位 QQ 用户的个性签名是：

> 我想把你放在香烟里，一口一口吸到我肺里。

我问，你怎么诠释这个个性签名呢？他将之分析为一个关于恋爱心理的表达。我用美国歌手 David Cook 的歌曲 *Permanent* 中的歌词为例，说明从语言表象来推测它的实际意图是一个值得深入研究的问题，以下节选两节歌词来说明：

Is this the moment

where i look you in the eye?

Forgive my broken promise

that you'll never see me cry

And everything,

it will surely

change even if i tell

you and i won't go away today

Will you think that you're all alone

When no one's there to hold your hand?

And all you know seems so far away

and everything is temporary rest your head

I'm permanent

我问学生，他们认为这些歌词可能传达歌者什么样的心理信息。如果不了解这首歌曲创作背景的话，多数学生会认为这是一首情歌。实际上，这是歌手，也即这首歌的创作者 David Cook 写给他身患癌症的哥哥的，表达的是兄弟情谊与家庭亲情。通过对这个事例的阐释，学生明白了在很多情形下，我们能从字面获得的意思很可能与实际意思有很大的差距。所以我建议这位同学改善这个研究，不要止步于主观解读这个步骤，可以与这些 QQ 用户做进一步访谈，来发掘 QQ 使用者签名的实际意思，与原先的设想推测进行比对，这将会是一个具有实际应用意义的研究。

这就为我们提供了认识人文社科研究的一个例子。正如原美国哈佛大学教育心理学，杰罗姆·布鲁纳（Jerome Seymour Bruner，1915— ）所著的 *Actual Minds，Possible Worlds* 一书题目所表明的意思一样，当人们的思维没能用准确的语言表达出来时，别人就会看到不同的意思。研究人与话语时，如何透过语言表征认识人的实际想法，或许人们的真实想法与其语言意思一样，都不只是一个真实的世界？

教学文化

中国正处于继续高速向工业化和市场经济转型的阶段。这个转型也对教育的各个方面造成并仍将继续产生极大的影响。此时教育教学发展正处于社会转型下专业定位和取向的关键时期。前几年，从总体上说，我国频繁进行的各种教育改革缺乏一个整合的方式和可持续发展的规划论证。自上而下的，各种各样的改革只体现出改革主导者的意愿，比如，学校和教师一定要执行新课程标准的改革。而对于这些支持变革成功的现实条件，过程设计和充分实施缺乏训练与反馈，即使偶有沟通与培训，也十分陈旧且缺乏系统性的协调。在这样的情况下，教学怎么能成功实现新课程标准的教育理念，怎么能生成新课程标准所描述的教学实践与文化呢？要探索揭开教学文化转型的谜的起点是认识现状，即看清我国教育教学的现实情况后才能找到方向。

教学文化指一个社会里"教师群体共享的思维方式，信念和价值观构成的教师职业文化"，教学文化的变化对教师行为和观念的转变有重要的影响。教学文化是教育文化的核心组成部分之一，也是社会文化的一个部分，同时受社会文化的影响。一个社会的教育制度、教育思想和教学方法等也是其社会文化的具体表现方式。而这些因素直接影响，甚至决定教学实践。教师是教育教学的主体，是教育教学的"业内人士"（insider），聆听他们的声音和观察他们怎么做，是研究和发展教学文化的最有效的路径之一，这种研究目的是通过研究发现问题，找到出发点和发展空间。

学者马维娜与徐丽认为，我国教育教学研究由于缺乏多角度和学科互涉的沟通精神而处于困境。因而，他们提倡要拓展教育教学的发展空间和建立教学与教师发展文化机制，以探求教学文化及对其研究的空间、价值、进展和方向。不过，对我国教学文化的特点即内涵的实证研究还较少。正如徐继存和车丽娜所说："由于对目前教学文化的特征缺少关注，致使目前的教师专业发展陷入低效，自上而下的教育变革也在一定程度上受到阻抗。"原因之一可能因为在改革传统教学，借鉴外国课程理论的同时，缺乏对当前本国教育文化现状的认识，新的理论怎样融入实践，或如何从教育实践来发展新的理论等，都还需更多的研究。再者，对教学文化到底如何进行实证研究还需技术上的实验和发现。

闲谈创造力

在办公室与同事闲聊时谈到了创造力（creativity）的话题。两位同事当时马上要开始教授英语课的"创造力"单元，要我说说想法。当时觉得我们对"创造力"这个事物了解不多，凭我对它的认识，我知道个人的创造力源于人们对事物的热爱与美感，由此产生兴趣与执著下表现出来的生产力。

这是我从三个不同时代不同领域最有创造力与影响力的人身上发现的共同点。一位就是物理学家阿尔伯特·爱因斯坦（Albert Einstein，1879—1955），另一位则是英国文学家乔治·奥威尔（George Orwell，1903—1950），还有一位是刚刚去世的史蒂夫·乔布斯（Steve Jobs，1955—2011）。

他们与所做的工作之间都有一个相同的故事，那就是"爱的故事"（love story）。他们都想用最好的方式把他们的作品表现得最为完美。

爱因斯坦的传记作者沃尔特·艾萨克森（Walter Isaacson，1952— ）用"宇宙就是他的生命"作为爱因斯坦传记的副标题，表明了爱因斯坦对科学的痴情。爱因斯坦的第一位妻子曾不好意思地对朋友说过："他爱他研究的科学问题胜过爱他的家人"；来自不同领域的奥威尔在他的文章"我为什么写作"（why I write）中坦白说他"爱写作胜似爱自己"；而当代科技奇才乔布斯演绎了同样的故事，用爱创造了苹果。2005 年他在斯坦福大学毕业典礼上说："我很幸运——我较早就找到了我爱做的事情。"（I was lucky—I found what I loved to do early in life.）当被挤出苹果公司时，他说："我被排挤出苹果公司时，但我仍爱它。"（I had been rejected, but I was still in love.）他对年轻人的寄语就是："你一定要找到你的爱，无论是对工作与情人都一样。"（You've got to find what you love. And that is as true for your work as it is for your lovers.）

情人眼里出西施。由于爱，他们都觉得自己所做的工作很美，并把自己的作品用最具美感的方式表达出来。奥威尔写到，他是出于对"审美的激情"（Aesthetic enthusiasm）而写作。人们在试图理解爱因斯坦的创造力时，除了要知道他有好奇心与独立性，并且不屈于权威知识之外，还要记得沃尔特·艾萨克森写的："爱因斯坦的思维里有审美，有一种美感（There was an aesthetic to Einstein's thinking, a sense of beauty）。"而作为乔布斯产品的受众，我们都有幸分享或目睹了他创造的产品。

沃尔特·艾萨克森有幸为两位不同时代与不同领域的奇才——爱因斯坦与乔布斯都写作了传记，让我们得以通过他的视角分享到他对这些佼佼者的故事的再创造。

教育制度与创造力

英国研究创造力的教授，肯·罗宾森（Ken Robinson，2001 年已移居美国），2006 年在 TED（一个全球非盈利会议组织，口号是"Ideas Worth Spreading"，致力宣传创新理念的公司）上发布了一个非常令人深思的会议视频，题目是"扼杀创造力的学校"（Schools Kill Creativity）。

他在演说中发表的几点见解，让人们看到学校教育如何忽视学生创造力培养的问题。Robinson 教授指出：世界上所有公办教育都是以培养大学教授为前提，只注重培养学生学术能力的教育观念已根植于我们的教育系统。现代教育体系建立于 19 世纪初，是为了满足工业化发展的需要而设立。这样的教育体系有两个基本的等级原则：一个是，只要实用于工作的与工业发展的学科就是最重要的学科；另一个是，考试能力成了衡量学生能力的唯一标准。他在指出这些问题时调侃道：大学教授只用脑子而不用心灵工作，而且只用大脑的一侧。他还讽刺地指出教授群体正日益凸显出的脑体分离现象，虽然他自己曾经也是这样的大学教授。但是，他指出工业化的现代教育体系设置如何限制了学生们的能力多元发展，尤其是在扼杀创造力的方面，这是值得所有人认真对待的。Robinson 教授的这些观点对于我国的教育研究者们认识我们教育体制弊端有很大的启示与帮助。

一个直观的例子，我国教育体制的课程安排和设置很明显只重视发展学生的学术能力，而忽视学生在艺术、音乐、体能等学科以及情感和文化等领域的能力。如果人们希望孩子们能够得到这些体制内不被重视的能力的提升，只有去校外的补习班，甚至只能送孩子出国学习。比如，语文与数学是从小学到高中都重要的学科，从小学三年级开始，英语也加入了"重要学科"的行列。从小学开始一直到大学毕业，在学生们的学习生涯中，学校体制内，我们的教育体制从来就没有把艺术、体育、社会、品德等科目和有效、得体地进行人际交往等基本生活能力放在同等位置上，高考中几乎没有这些科目。

因此，从小学开始，就出现语文与数学课等排挤音乐、美术以及体育课的教育教学行为。毫不夸张地说，我们现在的教育体制从来都没有过同等重视以上所有科目的时候，现在的很多综合性大学也没有这些所谓"次要科目"——音体美的专业设置，而仅仅是用各种社团组织活动来替代，除了偶尔帮助少部分真正感兴趣的学生能够结识彼此外，这些团体的作用就是留以让缺乏社交兴趣与能力的孩子们获得"素拓"或其他名目的分数，否则，这些团体早已失去存活条件。

这样的教育体制，对以上学科以及相关知识就会形成一种固定的等级区别，最终体现为大家都不陌生的"重理工轻人文"知识体系的现象。在这样的认知和氛围中，科学与文化艺术基本不相提并论。在大学里，学了好找工作与挣钱多的学科就成了热门学科，相反，从事文化艺术相关专业与工作的人就像是不务正业似的。更有甚者，理工科学习者自视为科技兴国的中坚力量，而文艺从业者则被广泛贬称为不事产出、好吃懒做、自欺欺人的骗子。

这样的教育体制严重缺乏对人文艺术学科的价值认识与正确评估。长于以分数衡量学生学术能力的升学选拔制度就基本决定了少数几个科目的重要性及其领先地位，量化的评估体系为不能正确评价文化艺术学科的价值推波助澜。因此，这种偏执的教育体制对培养学习者创造力自然是先天不足又无以为继的，因为，创造力是一种综合力量，其中理性与感性知识与认知方式相辅相成，同样重要，缺一不可。

因此，要解决我国教育制度性的问题的基本前提之一是：要正确认识到发展人文艺术的重要性，更要发展与维护综合平衡的学科体系。

教育文化与创造力

2012 年 5 月，我应邀去美国布朗大学讲学，在此次演讲中，我提出了一个涵盖范围很广回答角度可以多面的问题，即："中国教育失去创造力了吗？"（Is Creativity Lost in Confucian Pedagogy？）

在出发去美国之前，我就在一个自己所教授的研究生课堂里谈到了这个问题，学生们一听，脸上表现出一副吃惊的模样，好像在说：老师，怎么能讲这个问题，这难道不是明摆着要说我们国家教育的坏话吗？

看到他们如此的表情，我就明白他们的意思，我说："难道你们不愿意让你的子孙后代接受能发展孩子创造力的教育吗？我们是否总是需要把我们的后代送出国受教育，他们才能有创造力？"学生们听了后才觉得是有讨论此类问题的必要了。

一个社会的文化影响这个社会的教育行为，当然也影响这个社会中人们思维方式，这是毋庸置疑的。然而社会文化会对人们创造力的开发与培养产生有明显正面或负面的影响，此类话题却并不被广泛深入地讨论，至少在中国便是如此，我的研究生们面对我提出的问题的第一反应便是证明。而我能很迅速地猜到他们的反应也证明了——当社会文化对创造力的培养多数情况下是负面作用时，不在公共场合讨论乃至有意识地忽视这种现状具有非常的政治正确性。

美籍韩裔学者金希景（Kim Kyung-hee）博士曾在一篇学术文章中说过："如果一个文化不鼓励创造力或创造性表现的话，那么，这个文化就不能赋予这个文化中个人创造力的发展。无论一个人有多好的创造技巧或有多强的创造性人格，都无法抵御文化对创造力的压制。"她的研究发现韩国的儒家文化传统对韩国教育工作者的创造力有抑制作用，相比之下，没受儒家文化影响的美国教育工作者以及学者们的创造力比韩国学者的创造力表现好。

那么文化是如何影响人们的创造潜能的呢？在进行理性分析时，我们可以发挥我们的发散思维能力，中国文化中的两个重要元素——儒家文化与集体主义文化，一方面，这两个文化元素赋予了我们中国文化的特质，影响着我们的思维模式与行为方式；另一方面，也影响了人们在教育关系中创造性的表现。

看看儒家文化中的人际与社会关系结构，这个社会关系用孔子先生的话语来表述就是：

Emperor 君君

Minister 臣臣

father 父父

son 子子

这是儒家视角下的人际关系，至今还能非常明显地反映中国文化中的人与人之间的关系状况。现在，这个关系的基本机制可以从两个角度来看，一个角度可以看到的是高低单向关系，也可以理解成单向先后关系。也就是说，这样的社会结构与人际关系中，国家在个人之上，或者说集体先于个人是文化传统。同时，在这种社会里的家庭关系中，父母在孩子之上，传统上表现为一种父母权威制。这样的传统文化中的人际关系和定位观念如何体现在教育关系与教育设置中，从而影响现在教育改革呢？

更细致的以教室典型情景为例，在"文化与话语"课程中，我经常做一个课堂活动，就是给教室拍张照，让学生从照片上看我们自己天天上课的教室里有什么传统文化体现。

学生们第一反应是：没什么呀。有时，个别学生会说，看见了窗户，还有竭力寻找的学生说看见天花板掉了一块等。

当我再次着重提醒学生看看有什么"文化"内容时，慢慢地学生们发现：

有讲台，老师的讲台高于学生所在的地面，在我们的教室里，老师的地位高于学生地位。这样的高低关系反向过来一般是行不通的。

我们的文化里，教师被赋予家长的地位。教师与学生一般不会在平等的关系中进行教育活动。就这样，文化观念在孩子们很小的时候就赋予了教师的特殊地位——权威。如此文化观念形成的思维也使得教室内外都产生并维持这样的教学模式：教师掌握话语权而成为教室里一切教学活动的中心。教师决定学习活动形式与内容；教师讲话，学生听话；教师提问，学生回答的单向灌输式的被动学习模式，不能形成师生平等共建的教学模式，学生不能主动组织或参与课堂活动。

尤其在基础教育中，如果教学活动不以学生年龄相应的认知特点为基础，那样的教育教学基本是无效的。但单向关系决定了学生无论年龄大小，都只有接受老师或家长的教导而没有很多自主自发的主动学习体验。这样的教学模式与当下只求速度的工业文化不谋而合，教育教学中的单向灌输受到竞争的放大、鼓励乃至提倡，师生关系如同行政管理中的上下级。使教育管理严重工业化，偏离了教育以促进学生学习与生活能力一同提升的人性成长轨道。

教室里的教育文化只是教育大画面中的一个缩影，如果把视域扩大一点，就不难发现，我们的教育早已不再是教育工作者能做主的专业领域。当下的教育在传统观念与现代工业的夹缝中如何进行科学发展，是摆在我们面前的一个大课题。现在，教育改革改什么已成为一个不可回避的问题。过去40多年中，教育已进行多轮教材改革，最近十多年也纳入了新的课程标准体系。

从教育者所能为层面上——在我国教育深入现代化发展的今天，如何把教育发展重心转移到发展从事教育和接受教育的人并重，这需要进行系统深入的研究，即如何从体制结构为主的观念转型到人本位的人文教育观念是教育体制改革的重要路径。如何将教师在教室里对学生的权威转移到教室以外的学校与教育行业层面，在大的教育体制里获得话语与发言权，使那些对无意或有意破坏教育健康有序发展的人们必须服从理性与专业，让教师在教育工作中建立主动权，发挥他们的创造力。这要靠发展教师专业知识而不能单靠传统文化赋予教师的权威角色来主持教学活动；这样学生才会得到正确对待，有机会发展他们的创造力，不再停留于表面，呐喊几声："谁偷了我的创造力！"

而从被教育者的角度——随着现代社会的发展变迁，尤其在独生子女国策影响下，我们的独生孩子们常被誉为"小皇帝"，就要看看我们的孩子能否真的具有"皇帝"般的地位，将来能否领导我们的国家与社会。也就是说，如果现在的教育真的能逆向思考，把上述的人际关系结构反过来，把孩子／学生放在决策高地，把他们培养成人才，个个都有"皇帝"般自信，个个都是"龙"的传人，这样他们才能在全球社会里起到"龙头"作用，成为"领军"人物。我们的国家才会有强大的未来与领导世界的能力，实现大国复兴的梦想。当然，一定要小心，教育不要让我们的孩子们变成专横跋扈，只需也只能依靠人民伺候着才能存活，却不知如何服务人民的小霸王。

考试与创造力

考试制度是教育制度理念的核心组成部分。教育体系中，考试内容是决定教育质量的重要标志。人们通常知道教育部决定考什么，教师基本就教什么。一般来说，教师是教室里学生学习的守门员，教师教什么，学生就学什么（虽然有例外情况），教师允许学生做什么，学生就只能做什么，这实际上已形成一种生活系统。这样的系统让我们非常清楚地知道学生在学什么。考试导向学生学习内容，而学生学习内容影响他的做人潜力与专业技术能力等。如果考试内容狭隘又没有想象力的话，这样的系统里的考试就无法发展学生全面能力，尤其是学生的思考力和创造力。我国的教育过分依赖于考试来选拔人才，通过各种考试基本成了学生学习的最终目标。受到人们的广泛注意，我国学生如此忙于考试，以至无法停下来创造性地学习任何东西。这也就不难理解，如果考试制度没有考查学生创造力的机制，学生的创造力就无法节外生枝，更不用说开花结果，因此，就没有思考力与创造力。

从不同的角度来看到底考试如何限制学生创造力的发展与发挥。多年来，我国教育系统的考试内容基本以教育系统内定的教材为主，这样一来，教师以这些教材为主要教学内容，学生的学习就以这些课本内容为主，所有辅助内容仍然是围着考试内容打转。考试通过决定教师教学内容来限定学生学习内容以及学习方式。追根溯源，无疑考试内容是当下教育最需要认真对待的教育元素。

分析到这里，很有必要来看看法国的考试。作为"盛产"当代哲学家与社会科学家的国家，以2013年的法国高考文科作文题目为例。是3选1：

文科

　　1.语言是否仅仅是一种工具？

2. 科学是否局限于验证事实？

3. 对笛卡尔致伊丽莎白信中的一段节选进行论述。

理科

1. 我们能否不受政治影响而按道德行事？

2. 劳动能使人认识自我？

3. 对法国哲学家柏格森《思想和行动》的一段节选进行评述。

社会经济科

1. 我们对国家应做些什么？

2. 我们是否在不懂的时候才需要去解释？

3. 对安瑟伦《和谐》的一段节选进行论述。

技术科

1. 自由，就是不必遵守任何法律法规吗？

2. 文化的多样性会拆分人群？

3. 对节选自笛卡尔的著作《指导心智的规则》中的段落进行评述。

对比法国中学生申请大学的考试中的哲学作文题与我们的高考语文作文试题，我们有哪些启示呢？

教育中的创造力危机

在一次海外讲学中，我用三个指标指出我国存在创造力薄弱，出现创造力危机的问题。这三个指标是：

1. 在当代的科学领域，我国还没有科学家实现诺贝尔奖零的突破，获诺贝尔奖是对人类贡献较大的科学创新与发明的一种肯定。尽管我国古代科技发明在世界上几乎一直占据领先地位，但现代科技发明与科学研究却总是落后于西方科学与科技，这表明我国科学研究与发明还需进一步创新与突破，或者是需要进一步与全球沟通交流。

2. 我国在大学入学之际的优秀的高中毕业生中，很少有学生在选择大学专业与课程时，愿意从事需要较强创造力表现的课程与行业，比如，几乎无人愿意成为科学家、艺术家、作家等。绝大多数学生热衷于能快速就业且挣钱较多的经济、金融管理以及财会等行业。

3. 我国的知识消费市场很小，对科学知识的需求量很小。尽管经济发展后，人们的物质生活有了很大的提高，人们对物质奢侈品与海外旅游需求飞速增长，但对学术与智力产品消费却很少。比如，在我国学者们要出版学术专著，需自己出资承担出版费用与负责销售。学术价值越高，市场越小，也即需学者自己出资就越多。这不利于科学研究的继续发展与科学知识的应用。

此外，对于知识产权保护的薄弱也使得越来越多的年轻人放弃创造性的工作。好的产出被剽窃门槛极低，而追索赔偿的成本极高。这些指标不仅表明了我国创造力薄弱的危机，同时通过这些指标可以看到这些问题在短时间内无法得到解决。

创造力危机有多方面的表现：一方面，人们的从众与顺从权威心理严重（conformity）；比如，人们按照传统标准要求女性做贤妻良母，依赖父母或丈夫——未嫁从父，既嫁从夫，夫死从子，妖魔化那些不走传统路线，另辟蹊径的现代独立女性。另一种表现就是，人们对不同想法与未知的领域没有什么耐心，也没有好奇心，未知对于很多人而言不意味着新鲜与探索，而必然被等同于险恶与恐惧。因此，国人不容易产生突破性的想法与新的观念。最后，很多人只是说他人说的话，做别人做的事，只因别人说过的话做过的事是"前车之鉴"，已被证明是安全可行的，而成为自己却充满未知的风险。一个连自己的存在都无法实现的人是谈不上创造力的。就像我的一位学生提出的一个问题，引人思考："老师，我如何可以证明自己是活着的？"

可见，教育中的创造力首先要帮助学生用故事创造自己，创造一个有活力的人，能观察，会思考，做好自己。

原创不足，原因何在？

我国科技界近十多年来对原始创新的关注，已经使关注者们意识到我国制造力强，原创力不足的问题。中国科学院院长白春礼与前科学院长路甬祥首先发出了我国科技需要原创力量的声音。复旦大学教授吴海江继路甬祥后，再次从我国科学技术诺贝尔奖空白的现象来认识我国重大科技原创缺失的现状：他认为诺贝尔奖实际上是鉴定和评价被提名者的创造能力，获得该奖的科技成果实际上是创造力的体现。他说："我国在基础科学领域还缺乏那些具有重大突破性、影响整个领域发展的研究成果，至少从表象上还没有看到受到国际科学界公认的，具有诺贝尔奖水平的原创性研究成果。"

学界也在反思我国自主创新不足与重大原始创新缺失的原因。我国学者尹雪莲与刘仲林的研究发现，我国原创力不足的主要原因是原始创新人才主体因素问题，主要表现为科技人员没有充分认同或表现出原创人才应有的身份特征，还没能充分发挥出他们的最大的创造潜力。这说明社会创新化资源匮乏与教育—学术体制制约有密切关系。

一些学者已开始探究提高我国科技原创力的路径。中国科学院院士徐冠华呼吁培养"创新型人才"，从而生成与发展我国原始创新能力。吴海江主张发展"原创文化"为原创力提供生态基础。这些认识与讨论为采取培养原创人才行动奠定了良好的基础。

目前，我国学界一方面对原创有着迫切的需要；另一方面对我们需要加强对原创这一概念的认识与研究的意识仍有欠缺。学界对原创还没有一个公认的界定。学界基本指的是原始创新。有的指的是原始创新研究或科技发明，有的讨论指的是重大科技创新和自主创新，有的直接用科学原始创新这个概念。由于本文主要讨论原创主体身份认同及其培养，文中原创主要指的是人们表现出的原始创新思维与行为（original thinking/behavior）能力特征，基本意思与创作、原作、创造与创新相通。

原创力不足或原创主体人才身份认同不明显问题，实际上是我国教育与文化等诸多问题在科学技术领域的集中体现。这也是社会创新文化薄弱的表现。这也反映了我国教育在培养有创造力的人才方面还需进一步探索。

中国教育在面向世界的历史时期里，在知识全球化背景下，可以从不同的理论视角来发展实践。前文提到过的原美国哈佛大学教育心理学专家Jerome Bruner 主张，一个社会的教育体系一定要赋予在其中受教育的人一种身份认同。我认为通过教育与学习，帮助学习者成为自己，并实现理想的自己与个人价值，在社会文化中找到自己的位置，这样学习者才能感觉到学习的意义，他们才能真正成为发展社会的动力。他继而提出文化符号与文化资源是学习者获取学习意义与身份认同的源泉。这个教育理念一方面表明学习者是一个社会教育体系的主体；另一方面，不同的文化环境让学习主体得到不同的教育与学习意义，从而促使不同的人才身份形成与认同。

如果一个社会与机构缺乏创新性文化资源与价值取向，在其中工作与学习的人很难感到创造性学习与工作的意义，也就无法坚持酝酿创造性思想与表现创造性的行为。相反，急功近利，造假与应付的学术形象与文化心理就充斥媒体与社会各界。这样的社会与机构就缺乏支持原创人才存活发展的力量，使其很难得到真诚的原创回报。本土教育要发展保护与支持原创人才的文化，并以此为工具使教学者与学习者得到创造性学习的意义，摒弃急功近利的社会风气。

唯其如此，学习者才愿意成为独立思考，坚持自己研究兴趣的人，才有可能成为有原创力的人。也只有这样的人才会尊重科学与学术本身的规律特点，表现出具有原创心理与创造精神的身份认同言行特征。

原创人才培养

原创主体表现出的创造性思维，言行是身份认同的具体内容。尹雪莲与刘仲林通过对中国科技大学 120 篇研究生论文的综合分析，以研究生的视角透视我国原创缺失的原因，他们发现主体因素、体制文化因素是原创缺失的主要原因。主体原因主要指的是从事研究的主体人才身份认同问题。他们指出一方面很多科研人员"专业知识不足、急功近利思想严重、创新思维与自信心缺乏等"是自主创新缺失的主体因素。这表明了科研主体缺乏创新人才身份认同的现状，也就是说很多科技与研究主体没能表现出创新人才必有的身份认同。参与尹雪莲与刘仲林关于原创缺失原因研究的研究生们描述了原创主体人才应有的身份认同特征，包括以下这些方面：研究人员要表现出创新的渴望，应有活跃的思维与敏锐的审美能力，同时应具有宽广的文理兼容的知识结构与解决实际问题的能力。他们强调，高尚的思想情感是完善创新人员人格身份的重要元素。这是我国较早的讨论创新人才主体身份特征的文献。

学界关于创造主体的行为与个性特征的研究有助于我们认识中国学生表现出创造性学习行为。学者钱美华等把国际文献中关于创新个性特征研究结果用来对照测试中国青少年的创新个性特征。对中国 1050 名青少年，包括北师大的部分学生进行创造个性测试。他们发现这些参加研究的青少年有明显的创新个性，表现为内在、外在以及自我三个维度。内在维度包含自信，对常态的质疑，内在动力与百折不挠的精神；外在维度包含有好奇心，能担当风险，有开放与独立的个性特质；还有就是自我接受。

有些学者认为原创是具有创新个性特质的主体表现出来的一种智力能力。这些能力表现为：认识局限与超越局限的能力；选择与组合现有资源与技术和善于找到新方法解决问题等能力。一些对人类有很大贡献的科学与艺术家还体验到不同于智力的想象力在创造中的重要性。如爱因斯坦认为想象力比知识还重要，因为知识有局限性，而想象力有包容性。

创造出哈利·波特魔幻世界的当代作家J.K.罗琳（J.K.Rowling，1965—　），2008年在哈佛大学毕业典礼题为"The Fringe Benefits of Failure, and the Importance of Imagination"演说中，同样强调了想象力在创作中的重要性。她认为想象力不仅是发明创造的源泉，是人们看见未来事物与关注新事物的能力，这需要把自己想象到其他人的世界中去。

美国学者罗伯特·爱泼斯坦（Robert Epstein，1953—　）认为："人人都有原始创新潜力，创新其实是一种表述能力，创新及其表述能力与其他能力一样是可以发展培养出来的。"很多人没表现出来是因为，一方面，常规的文化环境并不鼓励创新思维，另一方面，原始创新表述确实也不多见。他们认为这些能力主要包含以下四个特质：抓住萌发的原创构思（Capturing）；勇于接受有难度的工作，能解决问题（Challenging）；善于在自己熟悉的专长领域外寻找知识与技能（Broadening）；对周围环境的刺激源很敏感。

国内外对原始创新本身的认识与创造性人员特有的性格与行为特征的研究，为我们在高校与教室环境里，培育具有原创思维与行动能力的学生人才提供了一定的知识基础。

通过以原创为出发点，多年在教学实践中的观察，我发现每个班的学生中，一般会有2~5名学生表现出明显的原创思维与研究行动能力，而总结这些学生的课程行为表现出明显的原创身份认同痕迹，我发现他们有以下共通点：

> 有好奇心与进取心，对不同的教学刺激有积极的反应；
> 有良好的学生情感，遵守学校纪律，不旷课，认真履行课程
> 要求；
> 有强烈的沟通热情，乐于在课堂上谈论与展示自己的想法与研
> 究，容易接受指导；

尊重自己的兴趣，在选择与确定研究焦点时，不避重就轻，也不避难就易；

在执行过程中，不怕麻烦，根据研究需要获取他必要的数据；

研究取向中有明显的利他主义，比如有较强的贡献意识；

有很强的书面与口头表达能力。

基于这些初始观察进行提炼，学生原创能力与创造个性在适当的教学环境下是可以培养的。而这种教学实践也有一定的规律可循：

培养学生原创身份需要一定的课堂文化，这种教室文化与课程要有明确的原创价值取向，向学生发出创作邀请，强调创造是一种态度，尊重学生的创新热情；

创新不是一夜生成，教学要给予学生创造空间与一定的学习节奏；

教师与学生课堂内外沟通方式与关系模式不再是传统的教师权威模式，教师不是单向的知识灌输者，而是必须邀请与诱发学生做出创作表现。老师是学生学习与研究中表现出的创造性行为的接受者，确认他们的创造行为与创造性表现；

当学生表现出创造力时，教师要善于抓取案例，让它成为学习的带动力量，成为教室与课堂活动焦点。

这样的教学活力来自于学科相互渗透与资源共享的教育环境。大学里，学生有机会从不同角度审视自己的专业内容，获得不同教学话语刺激与创造灵感。这种教学还需依赖于学校教育的文化弹性，根据学生的需要提供时间与空间的延展条件。比如，学术写作课的学生可以获得英语学术写作的学分，时间上根据学生在不同环节的具体需要确定学习进度；空间上，如果学生的写作研究话题与该生其他专业课题紧密相连，他可以得到写作教师与专业课程教师共同指导。如果他们需要实验设备，写作课程与专业老师可以帮助学生与实验管理人员协商以满足学生写作研究需要的设备与资源。

因为原创需要尊重学习主体学生的偏好与兴趣以及尊重学生的学习进度。因此，可能涉及更多的学科与资源需要，这种多方位的学科渗透与资源共享需要很多的沟通与配合。尽管这样的教学环境与现行的教育体制、资源配备等相比是理想化的，但在理论上可以行得通，在实践时将要面对的困难则需要调动起各方的积极性协同解决。

第 2 章

被鼓励的习惯性沉默

很多人劝我沉默，我说不敢沉默，因为从未遗忘。人类反对权力的斗争就是记忆反对遗忘的斗争。正义的审判从来不会缺席，它只是姗姗来迟；而希望与信念却早已在年青一代中传承。

——米兰·昆德拉

传记研究中的真实与美感

　　曾经上"传记体叙述研究"课时，有个学生提出问题，他问用传记方法做研究时，是从历史（history）着手好还是从故事（story）着手较好？我说都一样，英文中的历史（history）就是故事（hi story）。"History"就是"Story"。所以传记叙述研究中，没必要区分生命历史还是生活故事（life-history 与 life－story）。尽管有些书特别提出两者的区别。好的叙述研究本身就有很好的历史价值。那天上课其实触及传记叙述研究方法中很多技术方面的知识。其中"Pentimento"①就是很有价值的概念。这是个意大利词语，本义是指一种对绘画的倒推与追溯的技术，帮助人们重现一幅画在最终成形前，绘画的人在最初的铅笔勾画基础上的着色、调整与修正的过程。

　　而今这个美术概念转移到传记研究中，可以用来看传记方法研究的过程与多层性。也就是说，在一个传记研究作品成形前，研究者在研究过程中用了什么处理方式与调整才最后（终）使其作品定型。这个概念让人们认识到传记叙述研究蕴含、涉及的人类知识，都是学者们经过不断修正与调整的结果。伟大人物的传记塑造也一样，都是真实人生经历材料与写作虚构的共同作用的结果。

　　在历史上，伟大的人往往是由两个人创造出来的，一个是传记作家，另一个是传主自己。相当数量的伟人会在生前极具敏锐观察力地为自己挑选指定传记作者，乔布斯就是一个。乔布斯挑选了一位娴于研究与创作传记的作家——沃尔特·艾萨克森为他写传记。

　　之所以认为艾萨克森先生是当今最好的传记作家之一，是因为我看过他

---

① 见 Pentimento: A Book of Portraits，作者 Lillian Hellman 莉莲·赫尔曼，1905—1984，美国剧作家、编剧。

写过的几部极有影响力的人物传记——爱因斯坦、基辛格、本杰明·富兰克林与乔布斯等，他能巧妙处理传记中棘手的真实与美感的对立与统一的问题。

英国作家弗吉尼亚·伍尔芙（Virginia Woolf，1882—1941）便极为讲究传记的真实与美感，她曾说："一方面是真实，另一方面是个性，如果我们想到真实是某种如花岗岩般坚硬的东西，个性是某种如彩虹般变幻不定的东西，再想到传记的目的是把这两者融合成浑然一体，我们承认这是个棘手的难题。"

好的传记作家的杰出性体现于，他如何斟酌保持描写技巧与对真实叙述两者之间巧妙的平衡性。就像一个传记作家写"将军打败仗"这件事的时候，贤者将之写成"将军屡败屡战"，愚者写成"将军屡战屡败"。这也许不能算是一个非常贴切的例子，证明了曾国藩以文章出身，终以战功成名的必然性。不过两种表现技法的高低显而易见。虽然以此不能完全定论谁就一定是个好的传记作家，还得具体参考传记叙述中事例的真实性与所处环境等。

这也让我们从中领略到所以传记不容易写也不容易读的原因，传记研究方法正可以通过这一点帮助学生学习到批判性认识知识的重要性。

沟通中的“以为”

沟通中的误解或不成功常常是因为沟通双方对彼此“实际意图”（intention）与“以为”的意图（assumptions）存在理解上的差距而导致。

假设甲与乙两个女人是多年不见的同学在聊天，甲说出的话语其实只是字面意思，而乙却“以为”（assume）它是字面以外的意思。见面后她们的聊天中有这样一段对话：

甲：你开车吗？

（实际意思是，二人都有孩子，开车接送孩子上学放学和参加活动都会比较方便）。

乙：当然，都开了十多年啦，还可同时开几辆。

（乙“以为”甲在进行财富上的炫耀，甲则会觉得乙的回应颇为奇怪。）

除了因为对文字意思的“以为”（assume）在沟通双方之间造成理解上的距离之外，人们往往对肢体语言的“以为”（assumption）也会产生误解。比如当一名警察在追一个疑犯时，警察拿枪对着疑犯说：“不许动，否则开枪。”疑犯停下了。然而，此时疑犯突然身体发痒，忍不住用手抓痒，而警察“以为”他想从身上掏出武器反抗，就一枪将疑犯击毙了。现实生活中这样的事例屡见不鲜。央视著名主持人、记者水均益便曾提及自己的惊险经历，因为“错误的时间出现在错误的地点”，差点因为准备理一理衣角就被出警的亚特兰大警察“一枪崩了”。

再如美国向伊拉克开战的原因是“以为”伊拉克有大规模杀伤性生化武器，后来事实证明布什政府的“assumption”并不是事实。而伊拉克战争究竟该追究谁的责任似乎已是云山雾罩。

可见“以为”是很多冲突的根源，不说那些有意为之的“assumption”，尽力消除这些各种各样的"assumption"对于我们的生活方方面面有非常大的意义。

所以，"以为"（assumptions）是沟通中产生误解与伤害的主要原因。但是，它也是沟通的基础，没有"assumption"，沟通便无法进行。最好的沟通是双方尽量减少"assumptions"，不要把字面意思扩展太远。不过，有时很难把握对方到底有没有"metaphor"（隐含）的意思。在这种情况下，可以直接问一句，"你的意思是什么？"（What do you mean?），而说话者可以核对（check）一下，你明白我的意思吗？（Do you know what I mean?）或者可以更进一步的明确一下：我的意思是……（I mean...），主动将意图挑明。

之所以谈起这个话题，乃是因为前些时候，我在向一位学者推荐一个想学设计的学生时，开始仅仅是将自己知道的事情讲出来。我提到这个学生被法国一所大学录取，这所大学评估申请的方式是让申请者做一个项目（project），提出 50 个创意（ideas），并用文字与图形进行说明。

当时，我看见这位老师皱了下眉头，就立马补充道："我的意思是说这学生是很有创意的，他不会浪费资源。"这位老师这才显得会了意的样子。而在多数情况下很少有人这样把意思挑明，对话参与者只是在自己"以为"是某个意思时作出反应，导致各种贻误的出现，甚至造成人际关系的破裂。

有的人在沟通中会显得反应慢，表明他需要有点时间来弄明白对方的实际意思，这样通常显得很傻。不过好的沟通就是彼此得到一致的、实际的意思，这样产生的共鸣会让人感觉很美好。

女人—《第二性》— "小三"

有一个朋友对性别研究很感兴趣,我推荐她读读法国社会学家波伏娃的《第二性》。这套书是探究女性如何被社会定位为第二性而失去男女平等的历程。

有一次我们在讨论时她说现在中国社会的"小三"现象就是女性地位愈趋下降的体现。她继续说,"小三"就是过去俗称的"二奶"(the second wife);现在社会上"小三"现象表明女性地位越来越低。性别地位差距越来越大,男女地位就越来越不平等。这种不平等中,一般是女性权利与金钱都处于"低级"与"弱势"的位置。

这听起来似乎有道理,这从某种程度上反映了一个社会的一些不平等的男女关系现象。这是由权力与金钱造成的不平等的社会现象,无论什么样的不平等都是一种不好的社会风气,也是不小的社会隐患。解决这个问题的关键是看人们有无平等意识和社会公正保障,还要看一个社会对平等价值的认识与发展。

如何解决这样的社会问题,可以从美国社会的种族问题的改善历史中得到一定的启示,也可以从欧洲的男女平等发展取得的成就学习经验。

美国社会的种族问题的实质就是一个不平等的问题。这个是种族的不平等,在早期的美国,在白人势力强大的情况下,黑人以及其他有色人种地位很低,白人与黑人没有平等的工作与政治权利,比如,美国在1870年赋予黑人的选举权后,历经138年的抗争,直到2008年奥巴马当选总统,美国才有第一位黑人总统的出现。

这种种族不平等问题也是美国文学作品以及媒体的重要素材。文学家常用"隐形人"与"愤怒的葡萄"等来表现受到非公正待遇黑人的生存状况。这是贯穿美国社会历史的最大不平等问题。从南北黑奴解放战争，到露莎·帕克斯、小马丁·路德·金等带领的要求平权运动，麦克·杰克逊的演艺经历，以及到奥巴马的总统选举历程都是黑人争取权利与地位的关键事件，这些都表明美国种族问题是在不断向种族平等方向发展，这是历史的进步走向。

这种进步是双向改变的结果。一方面，黑人要求平等的意识与能力加强，另一方面白人对自身权利的反思也不少，他们认识到社会中的任何不平等都是潜在的危机，这与美国社会的法律发展也有很大关系。美国宪法规定人人平等，要建立公平公正的社会是国泰民安的基本条件。美国种族平等的发展也没能彻底影响解决美国性别不平等问题，在美国历史中，总统作为权力的象征至今还没有任何女性问鼎。看来，在美国这种发达国家的性别不平等问题比种族问题更难得到突破性解决。

这些价值观同样反映在学术研究领域，美国学术界在不同领域对公平（equity）进行研究的学者非常多，同样在欧洲，男女平等也是政府与机构炫耀自己先进管理思想的筹码。

意识与物质

世界知名高校的校训是一个非常有趣的东西，多数大学都以强调求知，求真，求实，求光明与自由的精神为主，我发现有一所大学的校训与以上追求有些不同的表述。

这是英国华威大学（University of Warwick），它的校训强调"意识"比"物质"重要。华威大学的校训是"Mind over matter"，翻译成汉语就是"意识决定物质"。

人类关于到底是主观意识决定客观物质还是客观物质决定主观意识的争议，就像鸡和蛋哪个在先的争议一样，各有各的认识。尤其在强调唯物主义的意识形态里，人们一般认为物质世界是客观的，而意识是人为主观的，人们还认为客观物质决定人的主观意识。而华威大学的校训却直接说"意识决定物质"，这就很有意思。

长期受唯物主义观点影响与熏陶的人，一般会形成物质比意识重要的认识，这样的意识形态也会使人认为以意识为主的精神财富，相比物质财富来讲并不怎么重要或至少处于相对次要的地位。受这种意识形态支配的教育体制就会认为客观知识比主观意识更重要。因此，在这种意识形态里的教育教学认识中，人们一般会重视自然知识的价值而忽略人文知识的意义。

随着人们学会辩证地看世界，慢慢认识到主观与客观世界都很重要时，越来越多的人发现很多知识其实是主观意识创造的结果。比如，宗教、文学、艺术、音乐乃至某些科学科技发明都离不开主观能动的作用。受人们情感与兴趣影响的科学发现与科技发明都如此。牛顿发明万有定律，爱因斯坦的思想实验创立相对论等物理发现就是科学家主观认识世界的结果。飞机的发明就是如果没有人类对自身拥有飞翔能力的憧憬，恐怕还要经过很多年的弯路才能变成现实，电脑与因特网也是人们基于信息共享的理念上的努力才得以实现。仔细想想，还真的是"意识决定物质"呢。没有这些科学家的主观需要与神思遐想，这些科学发现还真的不一定能跨越性的实现。

要在一个唯物主义意识形态的社会里认识到知识的主观性是不容易的，要认识到教育其实就应该发展学生的主观能动性更难。所以，在这样的意识形态里，被多数人认可的教育就成了灌输客观知识的机械活动，多数人认为不需学生自己的认知与主观建构知识，而只需也只能、只准接受客观知识。这样的教育拒绝注重并否认发展学生的主观思考能力与想象力，就更发展不出学生的创造力了。

"常识"与"个人知识"

　　昨天在课堂上问了学生一个问题："常识与个人知识"（common knowledge vs personal knowledge）哪一种更有信度与效度？

　　我明确"常识"（common knowledge）是指大家已接受了的知识，以及公认的真理等，比如，人类重要的知识发现中，"地圆学说"与"万有引力定律"等。问这个问题的目的是让学生能够批判性地看待已建立的知识与常识的来源，以及认识到常常挑战（challenge）人们已有的认识的重要性，让他们思考知识的源泉以及知识突破性的发展就是科学家们从挑战固有认识开始的。

　　一开始，几乎所有的学生都认为"常识"更可靠，更具真理性。我们讨论了所学知识的来源，认识了这些公认知识是如何从个别科学家敢于挑战常规认识才得以提出新"假说"，通过坚持真理的冒险精神来证实新的"学说"，建立新的知识，经过不断的补充完善，成为我们如今"众所周知的常识"。就现在认识的地球是圆形与球形的常识，从公元前古希腊科学家与哲学家提出后，直到十六世纪初期，葡萄牙探险家麦哲伦带领的船队实现人类第一次环球航行证实，科学家们与冒险家经历了一千多年的坚持与证实，才在西方世界被真正接受，地圆说才渐渐成为人们的常识。

　　通过这个事例，学生们对"常识"认识渐渐发生了改变，对所谓的"个人知识"（personal knowledge）有了新的认识。现在的很多常识性的科学知识，在早期建立过程中，都源于个别科学家个人突破性的思考与科学行为，通过渐渐的推广成为真理与知识，这是科学家们对人类作出的重要贡献。这些知识承载于书本与其他媒体中。现在书本都是作家与学者思考的产物，因而，在很大程度上，知识也是这些学者与作家的个人的产物，只不过在大家都学习接受后，它变成了人类共同接受的常识性的知识，就是英语所说的

"common knowledge"。

　　科学与知识的发展还需人们对现在的很多已建立的知识进行质疑性的思考，才能推动其发展，这条发现—挣扎—完善—确立—周知的道路将会不断地拓展延伸。

隐喻与认知

　　隐喻及隐喻表现形式本身是思维的一种语言现象，也是一种浓缩了的高度形象化、概念化的言语。语言来自人的经历，反映人对社会和世界的认知，是他所在群体和行业文化的话语表现。话语中的隐喻也是社会文化和实践的语言化主要的、不可缺少、习以为常的方法；社会文化和实践是语言的生成环境。

　　原浙江大学语言学教授任绍曾先生指出隐喻是指"概念系统中跨领域的投射，用一种非常不同领域的经验理解另一领域的经验"。这一概念系统中跨领域的投射是一种认知活动。因此，他进一步强调"隐喻的中心是思维"。在隐喻体现认知这一理论的基础上，学者们进一步发展并论证隐喻是语言、社会文化和大脑活动的多层次的同时体现。隐喻是社会文化的密码，是文化知识的语言符号。人们在参与一个社会文化群体中习得隐喻。隐喻根植于文化中。因此，隐喻也影响并可能限制人们的思维与行为。

　　隐喻也体现在教育文化和实践中。人们熟知的例子是教师即"园丁"的隐喻。人们把对园丁的角色功能如培土、浇水、给植物增加养分，甚至接下来要让植物自己生长等行为，投射到教师的教育功能上，来比拟教师在教育过程中的作用。前面提到过的美国哈佛大学教育心理学教授霍华德·加德纳（Howard Gardner）到中国参观访问时发现，在中国人们把教育当成"竞赛"。他观察到，在中国孩子们都尽早地投入到为高考比赛的学习"跑步赛程"中，学习直奔考试目标，当他们达到目标的终点后对学习的过程欣赏不多。这也是他认为中国教育文化和美国教育文化的重要不同之一。这里，教育即比赛的隐喻中，他用对竞赛的感知来表达对中国教育的认识。

　　外语教师表述教和学的话语中自然出现的隐喻在某种程度上是所在教学

文化和实践的言语化和概念化。隐喻体现了教师思考教学的框架和机制。影响教学实践的教师思考方式不一样，会形成不同教学文化模式。

比如，灌输式的教学就是在把学生当知识的被动接受者的思考方式下的教学实践表现；而当教师认为教学是为了让学生建立自主和创造性的学习行为，学生学习是在探索中发现知识和认识世界，着力于提供这样教学方式的教师创造出的就是探索型的教学文化。

学者们在多年教师发展研究中，利用隐喻建构教师对教学任务和教室管理理解的范式，得出隐喻是展现教师理解教学的信息和发现其工作意义的教师知识的结论。隐喻也有助于教师与教师之间进行知识沟通，教师叙述教学的隐喻在其教学行为上得以体现。

隐喻透彻地体现教师的教学行为、教师特点和教育的变革与社会变化之间的联系。中国教师教学经历和话语描述中自然出现的隐喻可综合而又真实地反映我国教师的思想、受文化影响因素、教学现状及其特点，使教育研究者们发现我国教育文化及其问题，探索我国教育文化的嬗变。

隐喻与教学文化

隐喻是社会文化和实践的语言化方式之一，是一种文化知识的语言符号。隐喻及其表现形式也体现出其语言思维。

教师是所在社会的教育文化的主体之一，他们的行业行为和行业文化是影响社会教育文化的重要元素。教师叙述教和学的话语中自然出现的隐喻是教学文化和实践的重要表现，因此，教师话语中的隐喻是研究教学文化的路径之一。

通过对中学英语教师话语中隐喻的研究，可以映射出我国中学英语教学的文化现状，有助于英语教学文化的转型与进一步发展。我曾研究分析 17 位教师的教学生涯访谈中出现的隐喻。这 17 位被研究者是来自中国中部地区某中型城市的多所中学的英语教师。被邀请参加此研究的英语教师接受了教师人生和英语教师职业历程叙事的深度采访。本研究主要探索：

1. 在中国教英语到底是怎样的工作？

2. 教师工作的意义是什么？

教师职业历程叙事方法的主要思路在于：它能从时间与空间和个人与社会的多维角度来研究教师、教学文化及其发展。教师人生及职业历程的多维角度，主要表现教师的活动空间基本是在课堂内外；他们的过去、现在和未来是一个有机整体，教师的存在既具有个人性也具有社会性。因此，教师个人与社会属性是统一的。

深度访谈主要围绕教师过去的学习经历、当前教学实践和未来打算等方面进行，访谈涉及教师的内心世界和外在环境的影响。每个教师的访谈分两次到多次完成，具体根据教师的实际时间而定。转录成文字的访谈内容回馈给教师本人，以再次确认内容的准确性和认可访谈内容可用于研究资料。

本文聚焦教师人生和教师职业历程叙事中出现的主要隐喻，诠释其表现出来的教学文化特点、内涵及其存在的社会背景。分析首先是把所有访谈中的自然出现的隐喻过滤出来，根据其内容进行了以下分类。

1. 教师角色与关爱教学

首先，教师隐喻非常形象及生活化地体现了教师的角色和功能。隐喻也表现出教师的年龄和性别特点。年轻的女教师趋于用"姐姐"来表述他们的角色及与学生的和谐与友好关系。西方文献中较少提到"姐姐"这个教师角色隐喻，但女性教师经常会用"母亲"来投射他们的教师功能和形象，尤其是小学教师。这也与基础外语教育中女教师较多的实际情况有关。这在某种程度上体现了教师们多方位关心学生学习的关爱行为。这种关心体现在对学生的整体素质发展的关心，培养他们的学习兴趣，以及提高他们的学习和做人能力等方面。这种关爱文化往往与教学文化其他方面，如考试压力下以语法为重的英语教学等发生冲突。冲突主要表现在，一方面教师关心学生学英语的目的是要学生学会使用这门语言，提高他们的英语听说读写等基本技能，另一方面，在考试决定教学内容的指挥驱使下，教师们要为学生的考试成绩着想，为了考高分，教学材料基本只能以教科书为准，以讲解语法与考试题目为主。如一位教师利用隐喻式陈述形象地表现了这个矛盾：

老师想把这个课上完（教材内容），他引导学生思考，但是学生思维跟不上，就需要想半天，时间不够，老师就干脆怎么办呢，打个比方，就是撒米引鸡进笼，但是这个鸡不进笼的话，就赶紧直接把鸡抓起来塞进笼子里面去。就是说老师没有给足够的时间让学生去思考探索。但是我们老师讲课时间规定只有四十五分钟，你又必须完成这个内容任务，他不讲完怎么办呢？

这位教师虽然知道教学需引导学生思考，可为了赶进度和为考试教学，只有牺牲学生思考过程。要避免这种冲突，我们认为，可以通过教师发展和社会教育观的改变进行。主要是要让教师们了解在我国英语作为外语的教学环境和条件。在这种环境下外语教学很大部分是在课堂教学中进行的。教师要提高课堂教学效果，有引导的外语学习是很重要的，考试与灌输式的教学法无法使学生有足够的思维时间而必然会压抑学生的创造力。这也是整个社会需要关注的问题。

2. 教师角色，教师与"工人"教学与"体力"劳动

除了教师与学生关系体现教师角色，教师的教学方法和在其教学方法下产生的学习也体现教师形象和教学文化。在过去的西方文化里，也有教师曾被视为"工人"，校长被视为"经理"的时候，不过现在这一隐喻随着西方社会与教育的进步已基本消失。然而，这里我们特别指出，这类隐喻在本研究中仍频繁地出现。

例如，有两位教师在访谈中，无意识地把自己看作"工人"。其中一位教师是这样述说的："我每天批改很多作业，机器人似的工作。觉得作业改了也没什么用。不过不改学生不写。这样工作12年后，感觉自己在此行业中像一个熟练工了。"

其他教师隐喻也体现了教师的体力劳动形象和教学为体力劳动的特点。比如，有一位有二十多年教学生涯的教师用"艄公"来描述他的职业形象多少有点伤感的体验："教师如艄公，年复一年地把学生送到彼岸，教师却总徘徊在河流上，自己没多大收获感。"

其他此类的隐喻还有视教师为"管家"。这些隐喻勾画出教师劳动的艰苦与教学已变成了缺乏智力的体力劳动。当然，随着社会和个人的发展，教师们也已开始反思这样的教学工作的意义何在。教师和学生在这种教学活动中都失去了教育的本质，即教育是育人的活动。

因此，这些隐喻表明教师的工作需要回归到教育本位。怎样才能做到此"回归"，把教学从类似体力重复性劳动的趋势转回为智力和情感的教育活动？未来的教育改革需要促进教育文化回归到教育本质的智慧启发的轨道上来。

3. 教学与"灌输",学习与"接受"

有关实际课堂教学的隐喻值得注意的是如"灌输"、"接受"、"抄"、"记"字眼等。如一位教师在回忆他学英语时说:

"我们上中学时,那时连录音机都没有。我们主要是课堂 45 分钟的学习。内容那么多,就是灌给我们,我们接着。老师教我们不要想太多,就像吃馒头一样,而且是干馒头,直接往下咽。"

教师们对自己的学习英语的回忆主要体现出教师在教室,把教材上的知识"搬"到黑板上,学生们再从黑板上"记"到笔记本里。这是一种典型的简单灌输—被动接受式,使得学生学习缺乏思考过程的教学模型。一个对三代教师近 40 年的教学研究发现,近几十年来,这种模型在我国外语教育文化中一直是顽固的组成部分。

教学带有传授知识的特征,问题是教师需要教什么和为什么要教它,教师没有选择和决策的主动性。从单一传授课本内容到以新课标为核心的教学材料多元化,加强教师在教育活动中的选择和决策参与,即拓展教师探索的主动空间是提高教学智力成分的关键之一,是教学文化转型的主要策略与路径之一。在我国,一些专家们已开辟探索性和自主性的教学文化。这种新教学文化为我国教学文化的转型初步指明了方向。

4. 情感表现

研究表明隐喻表现出教师工作的相关情感。哈格里夫斯(Hargreaves)的系列研究表明教学是有情感的实践。研究发现,我国外语教育文化中教师职业幸福感并没有完全缺失,有教师觉得作为外语教师非常满意。虽然教师是个稳定的职业,但教师职业没有太大的纵向提升路径,人们通常仅是从一个年轻教师变成老教师,这是职业生涯中最大的变化。因此,这对一些有更高职业追求的人来说满足感不很强。

前面提到的隐喻"教师如艄公"也体现了教师对其职业缺乏成就感的普遍问题。这位老师的职业幸福感带点"苦涩"的味道。加上他对教学工作的热爱，他感到"涩涩的快乐"。这促使他最终做出一个决定，离开教室，放弃教学。而这种体验，一位刚参加工作的新教师也有体会。她感到教师这个工作是"让我欢喜让我忧"。刚走上教师工作岗位的她有着好奇和理想，她要帮助他人学好英语，但让她忧虑的是，教师工作的复杂性是她在当学生时从未想到的，每天都有意想不到的状况发生，她的情绪往往因此受到很大影响。

此外，现有的各种教师评估手段给教师们带来复杂的情感体验，有的成功，有的因没能使学生考高分，或达到一定的优秀率而扣"奖金"，感到"没面子"。教师们在这种分数比人重要的体制中甚至怀疑自己的能力。

综上可见，关注教师的职业情感体验，加强社会对教师"情感—人文素质"关怀是我们这个教育体制需要做的重要工作。因为这关系到教师行业能否吸引或留住更优秀人才的事情。本文主要诠释了中学外语教师人生历程叙事中隐喻所体现的思维理路（个人性）和外语教学文化（社会性）。研究结果发现目前的中学外语教学文化依然呈现灌输—被动接受的教学模式。具体表现在教师工作被剥离智力劳动，学生学习缺乏思维的过程，从而使教师职业成就感不高，幸福感不足。我国社会的工业化过程中，教育受到很大冲击，教师成了"工人"、"艄公"。教师的工作常用"业绩"来描述，用"工分"来衡量，很多中小学也成了"实业集团"的一部分。

我们想引起社会对"教育到底是什么"的认识与关注。本研究发现，优化教师的劳动，使教师工作回归到教育本质，提高教师工作的智力成分，关注教师职业情感是当前教育改革关键。从应试和灌输型教学的误区中走出来，进一步发展和建设新课标和学习型教学文化，是为和谐的学习型社会新文化做出的有效尝试。

"文""理"的高下之辩

国内很多高校原先存在严重的重"理"轻"文"现象。随着近些年的社会发展，这种不良趋势不但没有缓解，甚至还有愈演愈烈之势。

以我所在的高等教育领域来说。很多大学在引进人才时，对理工科人才的引进待遇明显比文科人才待遇高。而这种有意为之的"区别"被询问、反对时，反对者竟然还会被当成不合时宜的人。

直到现在，国内众多大学还没形成文科与理工科学科都同样重要的概念。当然，在理工科领域工作的人认为理工科的作用大，在人文社科领域工作的人认为人文社科重要。人们容易夸大自身从事行业与研究领域的作用是很正常的。这也是学科分流产生的一些后遗症，形成文科理科不易融合，隔膜极重的现象。然而很多充满智慧，对文理领域都有研究的人士都明确指出文科理科没有轻重之分，知识就是知识，那种要把知识排出顺序的做法不仅是愚昧落后的，更会造成其自身不能融会贯通所学，沦为井底之蛙。甚至还有些把一个领域内分出一级学科、二级与三级学科的行为，这种排序现在看来也是不可思议的。因为这种人为的、自以为是的"等级差异"，使得不少人在"自称"有些研究比其他研究更重要时仿佛获得了历经检验的理论支撑，愈加不可一世。近几年已不止一次碰到很多同侪对教学研究的轻视态度，他们认为教学研究没有其他研究"高级"，这样的认识与重男轻女的封建偏见有很多相同之处。

"文""理"哪个更重要的问题，是很不容易回答的。比如，如果鲁迅先生不弃医从文的话，想想看他是继续做医生治病救人对国人的贡献大呢，还是他弃医从文对国人的贡献大呢？他如果做医生，能救活或医治的人数，应该可以从他的医疗记录里找到答案。但是他做文人能影响多少中国人，就不好数清楚了。到底"文"与"理"哪个对人类影响大？都很大，却难以做出等级区分，而且如何量化、界定对人肉体与精神上的救治程度和重要性呢？我相信任何一个对人类文明有敬畏之心的人都会承认，这是皓首穷经都难以给出答案的问题。

第 3 章

如何找回自己的表达能力

　　不难看出，每个国家提供的经验和传统不足以应用于各种教学，所以我们首先要教会那些既聪明又勤奋之人的语言。

——弥尔顿

镜子效应—换位思考—自传体研究方法

　　传记研究方法是以人的经历与生活史为研究对象的方法，研究对象主要是人。而自传体研究方法就是研究、审视研究者自己的工作或生命的方法，或是以自己的经历为数据来做研究的方法。这种研究方法中，研究者（主体）与被研究者（客体）融为一体。

　　当研究对象是人的时候，人们通常会观察与对话被研究的人。当被研究的人是自己的时候，研究者就得观察并与自己对话。这种情形下，人们如何去观察自己的所为及所思呢？我曾在课堂上提出这个问题，通常的回答是"照镜子"。也就是说，"镜子效应"是自传体研究方法中常用的办法。

　　所谓"镜子效应"就是通过观察周围的人或有类似经历的人，来了解发现或研究自己。这种镜子效应的问题是，当一个人离开自己熟悉的环境与文化，比如离开了自己的祖国，到了新的国家后就出现镜子发生变化的情况，因为在新的环境里，周围的人讲的语言不是你的母语，他们也不是你的"同胞"，一切都很陌生。这样就不再容易从新环境里看见自己，这就出现学界常说的"身份认同危机"（这种危机通常是一个人发生变化或超越自我的转折点）。这种情形下（也可以在本土文化里），要审视自己，就得通过"换位"的方式来完成研究。当然，你在新的国度或文化环境里生活得足够长久的话，新的镜子效应又会出现。这里，我主要是帮助大家想象"换位思考"发生时的情形。

　　这种换位是如何发生的呢？（想象一下）要研究或看透自己的话，除了"镜子效应"外，就是把自己完全视为研究样本的角度来研究与考查。这样，自己就不单是一个社会与个人角度的人，而变成与这个人有一定距离的研究者，从研究者的角度来进行研究自己作为社会个体的属性。这时，"换位"就发生了。这也可以是在自己的本土文化里进行。因此，"镜子效应"与"换位思考"就是自传体研究必须用到的研究行为。所以我认为，这是实现与超越自我的一种科学方法。自传体研究方法是实现"换位思考"的基本路径之一。

当个人置换为一个国家或组织机构时，反思自身历史与文化以及观察自身在全球化中的作用，也是需要"镜子效应"与"换位思考"的，在这个研究过程中，自己与他者同样重要，这是国家与组织机构发展与超越自我的重要方式。

镜子效应—自我—写作沟通

用外语写作不是一件容易的事情，在汉语环境下教会大学英语专业学生英语写作就更不容易，具体探讨如何在汉语环境下教，那就是最具挑战性的事情之一了。

在母语环境下用母语写作似乎是一种自然习得，没有什么大不了的事情。可是在母语环境下学习外语写作，比如英语写作，如果学好了，可能会是一个人一生中学得的最新、最能改变自己的一种技能。很多人这样反映英语学习，中国有这么多人在学习英语，国家课程体系规定，每个学生从小学三年级开始学，那么到大学毕业时，他就至少学了 13 年英语（毫不夸张地说，我国学生在孩提时代，青少年时代以及早期成年时代都对英语学习进行了大量的投资，很多人实际上从幼儿时期就开始学英语了），怎么就没觉得英语学习给自己带来了多少改变呢？

那是因为，很多人可能还没有真正开始"通过英语学习改变自己"这个过程，很多英语学习中的写作考试与真正意义上作为创作存在的写作是没有直接关系的（It does no have much to do with writing）。

英语专业的写作课应该教什么呢？

第一，需要培养学生的写作感（a feel / sense of writing）。怎么理解这个提议呢？就是把学生真实放在写作者的位置上来学习（learning to position the student himself/herself in the status of a writer）。这样，学生才能履行写作者任务（play the role of the writer），承担写作责任（take the responsibility of writing），进行写作工作，获得知识产权（do the work of writing and gain authorship）。这样写作才能成功，有效沟通才能进行，学生通过培养起写作感，从而成为写

作者。否则的话，很多写作就没有作者（the writer is invisible），也就没有人来实行写作（the self of writer is missing），这样的写作常常失去内容，没有人来与读者进行实际上的沟通。写作课要让学生认识写作角色，而这就需要学生自己在写作中存在（the presence of self in the writing），这个写作者自己（writer self）就是一切写作的开始。因此，学界发现，很多外语写作不能达到沟通目的，根本原因是写作者身份认同没有实现（writer's self-identity is absent）。

第二，写作课首先要进行自我呈现方式的学习，即自己要在写作中到场（to work out the presence of the self）。更简单地说，写作者自己缺席的话，谁来写作，读者与谁沟通呢，或者谁主动与读者沟通呢？实现写作者的存在（the presence of the self）是沟通的基本需求。学生必须进行呈现方式的学习（the ways of self-representation）。我以前说过，所有写作都是以沟通为目的的，而这个目的当然要写作者来实现。写作中的 self 其实是现实中自己的再现（self-representation），这就是实现写作者在写作中存在的重要原因。

然而，外语写作的关键点就在于，母语与所学外语的语言文化自我呈现方式是不一样的，也就是说，以英语为外语为例，学生要学会英语的自我呈现方式，学会之后，用这种呈现方式所呈现的写作者自我（用一个字来表示就是"I"）才能被英语文化背景的读者看见、看懂，这样，真正意义上的沟通才可能进行。如果写作者没学会英语自我呈现方式，依然用汉语文化的呈现方式来写作（比如用"we"在英语中写作）的话，英语背景的读者就看不见以汉语方式表现出来的写作者自我，未接受汉语语境熏陶过的他们，是看不见"we"中到底是谁在写作的，也不可能知道是谁在与他们沟通，这样英语写作就不成功。我写过一篇题为"Teaching for identities, writing between the 'we' and 'I' paradigm"。文章讲的就是这种写作者自我呈现方式转换的问题。这涉及两种文化意识形态的转换。能在不同意识形态中活动自如的人，就成为真正的世界公民（world citizens）。因此，跨语言的写作教学是可以培养具有不同呈现技能与跨文化沟通技巧的世界公民的。

第三，如何实现呈现方式的转换呢？首先要有学习呈现方式的意识，再学会转换。我的写作课首先就是培养学生的自我意识（awareness of self），这可通过练习写作自我介绍来实现（and represent it through self-introduction writing）。这两者都需要镜子效应（mirroring）。

学生自我认识可通过镜子效果应来进行。我第一次课就是这样给学生讲的。一个人想要知道自己是什么样的人，可以看看自己周围的人，尤其是长期与你在一起的人。常在教室里学习的同学们只需要放眼一看，便可以从你同学身上看到自己的很多方面，他们的身体（body）、肤色、头发颜色、眼睛颜色等等，心态、做事方式、价值观以及世界观等与你自己有很多相似之处。

当然这也可用在其他群体中，比如，同一文化下的商人群体、工程师群体等，某种程度上都可借用镜子效应方法来认识个体。因此，镜子效应可以通过他者来认识自己（the Chinese self）。当然，不同的镜子会让我们有不同的自我认同。比如，中国学生离开了熟悉的群体与文化，来到亚洲以外的地区，这时，你突然发现你的镜子不一样了，在这个镜子中你找不到自己了，周围的同学与朋友有不同的面孔——黄头发，白皮肤，心态以及价值观等等。你会突然觉得自己有一种认同危机（identity crisis）。当然，如果你在国外继续与中国学生群体待在一起，就较少产生这样的危机感。

这种危机感唤醒了我们新的自我找寻的需求，我们开始对新的环境开放自己，学习不同的价值观，认同不同的意识形态，这样，不知不觉你就变成了一个不同的自己（changed yourself），也学会了新的自我呈现方法（Western/English self representation）。

在汉语环境下学英语写作就需要实现这两种自我认同与呈现的转换，即从"the Chinese self"到"Western/English self"的写作表现。这样，英语背景下的人才能看见你的Western/English呈现方式，继而与你沟通。在国内学英语写作需要强大的想象力来掌握如何"otherizing self"（学会把自己变成一个不同的人）。

第一，超越中式呈现自己（beyond Chinese self-representation）；

第二，把自己从学生位置移动到作者位置（positioning）；

第三，学会英语呈现方式（English way of representation）。这些就是实现英语写作的基本工作（the way for Chinese student learn to write in English）。

可见，汉语环境下学英语写作，关键是写作者身份认同（identity/self）的实现。这是沟通的需要。这同时还让我们认识到，当我们与他人交流沟通的时候，那些分享自己真实经历的人实际是为了更好地沟通，这使我们学会沟通的基础和目的，学会珍惜这些内容。

生活与生命

很久前便注意到，汉语中的"生命"与"生活"在英语里是同一个词"life"。而在汉语中能同时包含"生命"与"生活"意思的词可能就是"传记"了，传记中既有"生命"，又有"生活"。

传记基本都有一个"出生"的环节，表明某个生命的开始。然而这一节一般不会是一部传记的高潮。这个生命进行了什么样的生活往往是传记的主题，当书中某部分的主题开始表达出一个生命如何过着有意义的生活时，往往就到了全书的高潮部分。

然而，一个人过什么样的生活才是有意义的？换句话说，生命的意义是什么？一般来说，这个提问是实在的，日常生活中就有不少人问这个问题，但这个问题不仅局限于生活中，它还是一个古老的哲学命题，至今都没有得到公认的能使大多数人心悦诚服的答案。该问题存在的意义是：它是一个不好回答的问题，是一个不容易找到答案的好问题。古希腊哲学家柏拉图与亚里士多德认为"好的生活"（the good life）是基础。中国古代思想家老子认为"返璞归真"是一种得道生活意义的状态。

在探索"life"意义的人可以感觉到生活与生命的意义。母亲可能觉得孩子就是意义，老师认为学生的成长是工作的意义，婚姻的意义在于爱情，科学的意义在于真理等。

当年还在英国巴斯大学读书时，旁听过一位教育哲学教授的课，教授列过的一个等式很让初看者能获得"大悟"，这个等式是：

truth=knowledge=meaning（汉语翻译：真理＝知识＝意义）。

联系传记叙事研究，让我觉得这个表达很有创造性。多看看别人的传记可以帮助我们更多的理解生活与生命的意义。

模式设计

任何事物创新的初始阶段，总是很难用"模式"这个词来描述，因为所有的原始创新都是力图超越已有模式。但当一个创新平台搭建起来后，从一系列的创新行为中还是可以发现，其中有一定规律可循。

以苹果的"iPhone"与"iPad"为例，从"iPhone"到"iPhone6"，从"iPad"到"iPad3"，我们可以发现以下规律：

1. 开放发展模式。在设计这些产品时就为它的未来发展预留下无限空间。

2. 充分利用不完美是发展的基础审美观。产品的开发一直都是在自我更新，自我超越，不断地趋于完美中进行。

3. 最好的产品是最能继续发展进步的产品。无论哪一代"iPhone"与"iPad"，都是当时最好的，也是可以快速进一步发展的。

这个模式也符合东方"太极与无极"的设计构想，即产品发布入市时是当时的极品，但它的继续开发前景也是无极限的。对人的教育，包括人的自我教育，同样需要这样的理念。时时做最好的自己，同时还要感觉到可以做更好的自己。人的发展是不封顶的，可以随着时间推移变得更加完善。

然而，我们的现代工业发展并没有用好这样的创作设计思想，国内很多大学与机场的原始设计就没有体现这样的理念，也没有留下继续发展的空间，之后也无法在原有基础上自我完善。随着社会的发展需要修缮拓展时就只好辟地重建，这是资源的极大浪费。

有些设计相反，就是设计开始就以最大规模进行，不考虑在社会发展中如需要缩小规模时如何逐步缩小。我国英语课程体系的设计就是如此，改革开放后，发现我国落后于世界，就大规模在全国中学与大学低年级开设英语必修课，四、六级考试也蔚然成风，不管师资力量够不够，立即全方位上马。

所以"文革"后，出现学俄语的老师直接转教英语之类是中国独有的奇特现象。似乎外语都相通，英语是外语，俄语是外语，这样学俄语的去教英语就成了顺理成章的事，不管教学质量如何，只有全面恢复英语教学要紧。现在又有猛然计划减少英语高考比重，甚至要取消大学四、六级英语考试，这样，很多大学的英语课程师资力量是按四、六级考试结构来组织的，全国英语课程与师资就再次毫无准备地受到国家政策的冲击。

英语写作

今天结束了本学期的高级英语写作课程。英语写作课是我教育生涯中开设的较难课程，其难点主要在于要求学生习得英语语篇特有的思维模式，即有清晰明确的主题观点与逻辑推证过程，这大大不同于传统汉语散文写作习惯的思维模式。

我通常用语言学家罗伯特·卡普兰（Robert Kaplan）1966年研究出的模型为例，让学生对英汉篇章思维模式有一个感性认识，同时解释一些产生沟通障碍的原因。罗伯特先生发现东方学生的思维模式是螺旋圆形的，而英语语篇的思维是直线形的。这与我自己在教学实践中的发现有很大程度的吻合，因此觉得这个文献是比较好的教学资料（推荐英语写作或思维培训老师使用）。

它解释了学生英语文章观点不明确，结构不清楚的原因。当读者用直线视角看学生英语文章时，螺旋圆形思维模式里是没有直线逻辑的，因此看不懂，也看不见主要内容。我们也因此可以理解，为什么学生的文章没有语法与词汇错误，英语导师却还是看不懂。所以，学生写英语文章时，除了要注意词法句法，更重要的是需要改变思维模式。这也是最难学得的。这是我们把"Think Different"想法变成现实行为的学习活动。我认为，如果学生学会用这两种思维模式思考的话，创造力会有很大的提高，因此很值得花时间去重视思维模式模型的学习。

我对英语写作教育认识基础是：首先，写作是知识创作的过程，是需要批判与创造性思维的智力活动；其次，任何环境下的写作都以沟通为主要目的；再次，任何写作活动的产品都是内容与形式的结合，内容与形式都重要。但在不同的写作过程中，内容与形式的重要程度有所不同。以我的经验来看，开始阶段想好内容（写什么）较为重要，而最后阶段两者必须协调一致。这里的"内容"主要指思想观点，而形式并不等同于一般意义上的格式，它可以涉及语言层面（语种、文体、语体等）；最后，写作既是文化行为，也是技术行为。英语写作教学主要思考语言，文化与写作技术的转型与习得等。

在国内教英语写作的困难之处在于，要帮助学生走出几个误区：

第一，在语言视角下，英语写作的文化性与技术性没得到充分认识，学生总是仅仅把它当成词汇与语法堆砌来处理，思维发展与写作技巧没有得到重视，缺乏产生原生观点的创作意识。

第二，同样在这一视角下，学生认为写作可以通过背诵与模仿英语文章来提高。写作是思想的表达，背诵解决不了思想创造不足的问题。

第三,一些汉语写作习惯约束了学生接受新的思维模式。汉语散文写作中的"八股"习惯很不利于英语写作中的观点建构。

第四，学习不同的思维模式不等于西化，文化与知识是资源，而不是政治。东西方相互学习所带来的好处比相互敌视要多得多。

电影与写作

教授中国英语专业学生与计算机学院中加班的高级英语写作课，帮助学生把中国人的生活与文化思想规范地用英语表达出来，让不懂汉语的英语国家读者看懂，是很复杂的事情。但也有机制可循。

我常用思维模式与表现方式等机理来让学习者明白需要学习掌握的本质内容，而不是让语言学习仅停留于字、词、句的语法表征。以前写过，从汉语篇章写作过渡到英语篇章写作实质上需要思维模式的转型，英语写作学习的实质也是习得一种新的思维及其表现方式。

为了让学生明白这个意思，我常从一个关于电影的真实故事开始。在英国一所大学工作时，学校学习支持团队安排我帮助一个残疾学生学习，到她家里做特别辅导。

这个学生是个年近七旬的女士，她叫 Jenney Quinn，是一名儿童插画书籍写作者。上世纪 70 年代放弃大学学业与家人去了澳洲，在那旅居 25 年，然后只身回到英国，由于疾病需要靠轮椅生活。尽管如此，回英国后，她决定继续完成本科学业，学习写作创作。我协助她完成课程写作等学习任务。

周末学习之余，我们有时一起看看电影。她有很多 DVD，其中有一部中国电影——李安导演的《卧虎藏龙》。为了照顾我这个中国人，她提议看这部中国电影。我们都很喜欢，看得很入神，尽管我之前看过。后来有一天，她发现电视上在放另一部中国电影，她建议我们休息时看看，那部电影是香港导演王家卫拍的《花样年华》，看到半小时左右她就看不下去，而我对这样的电影也没什么兴趣。

这很有意思。同样的中国电影，这个英国人对《卧虎藏龙》百看不厌，而对《花样年华》却看不下去。这让我想到了这两部电影的不同，它们的题材与表现方式都不一样。

李安设计这个电影时的目标是，不管哪种文化背景的人都能看懂，他的表现手法是国际化的，通过东西技法的结合综合表现。首先是定主题，《卧虎藏龙》是武侠功夫片。这是东西方人都熟悉的电影题材，很多中国人也喜欢功夫片。这部电影的西方手法是主题明了，中国功夫贯穿始终；故事发展优美地表现了江湖人际关系。其主线是李慕白与俞秀莲在江湖上与其他江湖人士之间所发生的故事，可以归纳为正邪与明暗的对抗。与同类武打片不同的是，李安把武打变得更柔美，轻功较多，尤其是在竹林上穿飞的飘逸，加上马友友的中国风大提琴音乐，把非常具有中国特色的武术变成了能为中西方人共赏的艺术。这些艺术是一种真正的国际语言。李安视角的独到处还在于他用更为成熟的视角，提升性地表现了中国人传统表达美好感情的方式，这其中就有爱情。尽管这种爱情按现代人看来，有些过于压抑。这些优点使得电影不需添加什么情色成分就已非常性感，因为它利用了人们的想象力，从而成为受人喜爱的国际电影。周润发、杨紫琼与章子怡等主演也恰如其分地展现了真实与气质之间的传统美。这种提升性的艺术表现方式超越了民族文化与语言的地域局限，让外国人真正看懂并欣赏到了中国文明，是一种很好的中国文化传播方式。李安与张艺谋等华人导演的不同之处在于，李安的作品艺术提升性强，给人以美感，是国际化的。他的新电影《少年派的奇幻漂流》以更开放的方式来探讨人性，精神，超人的力量。

而西方人不喜欢王家卫《花样年华》的原因是这个故事主题不明确，虽然是言情片，但爱情故事不明显。习惯西方电影表现方式的观众，如果看到一部言情片在 20 分钟内没有主题表现，又没有激情戏的话，就不知道这个电影到底想要表达什么。从这个角度简要的概括，《花样年华》还不是一个国际性的电影，缺乏普遍性表现手法，没有提升性的处理，缺乏艺术语言。

从英国人看中国电影的实例来看，中国人写（非学术性）英语文章与拍电影一样，想要把英语写作学到位的话，表现手法就要做到：主题明确，通俗地说就是观点清晰，语言可以简单，但内容要有新意。否则，语言简单又没有新内容的话，文章就没有什么创造价值。新意来自对自身生活与文化的提升性诠释与表达，也就是说，作为好的写作者，你必须有创造新意的能力，这就是人们常说的创造力。

多数不易产生新意的原因在于，写作常以一个面开始，找到几点浅谈辄止，这几个点其实连起来，并无新内容。这种写作没有创造任何价值，也不用费什么力气；认识上也没有任何进步与突破，还是停留在原来的层面。

要改变这种情形，打开或建立一个新的局面，开始时就需要只定一个点，而不是几点（或一面），以这个点为焦点，发展出内容，比如对这点进行深刻思考，把它分解诠释成几个新点，以及进行全新的想象与发挥。这种思考、分解、诠释以及想象都是创造性活动，这种活动产出的是新内容，这些新的内容可以形成一个全新的空间，这就是所谓的创造出了新的局面。而创造出新局面的人都有一个共同特征，那就是善于使用艺术。

艺术表现在选什么作为起点，要怎样发展新内容来形成一个更好的新的局面等。这些考量要靠直觉与学识来进行，好的工作是艺术与科学共同作用的结果。创造是实现人的潜力以及升华人生的必要渠道。艺术既源于生活又高于生活，因此工作中出现的新意需要提升性或进阶性的加工。从这个意义上讲，写作与其他工作一样，是创造性活动。工作中的创造性与生活息息相关。创造性的工作有助于创造新的生活。生活中多听音乐，多看电影，多读好书，多参观博物馆与艺术展，多参加体育锻炼等，对工作也有好处。这样，人们才会进入到健康良性的创造升华之中。

人们常在文艺理论中谈到的"灵感""顿悟"学说，不论哪一学派的解读都首先承认了生活存在广泛接触各个领域的必要性，电影正是打通创造那一关的推手之一。

群体“成见”的可能

前两天与学生讨论“传记体叙述研究”中的数据采集方法，谈到“小组焦点讨论”方法（focus group discussion）时，我问学生使用这个方法会有什么优势。有些学生说，参与访谈的人员不止一人，他们也可能来自不同的学科或职业背景，这样的研究结果能够减少对所研究问题的成见。

我说这确实是人们使用小组访谈的理由之一。不过，小组讨论的方法也可能带来更大的成见。学生问，这怎么可能呢？

我打了个比方，一群吃惯麻辣菜的四川人来到广州，你问他们广州菜好不好吃，他们很可能说广州菜一点味道都没有，既不麻，也不辣——没啥子好吃的嗦。

你觉得这样对广州菜的评价恰当吗？反之亦然。

这样的道理可以扩大到中国人到外国去，比如去欧美等地，他们刚到这些地方时，对当地的饭菜也不满意，甚至发出这样的疑问——有英国或美国菜这回事吗？当然英国人与美国人觉得是有的。总之，很多中国人觉得英美菜没有中国菜好吃。所以，这时候一致性群体观点与观念就是带有成见的，只是我们通常认识不到也不怀疑这个群体共有的成见而已。群体性成见显然并不只在饮食中为非作歹，它影响着社会所有文化。同时，并非所有事物都可以用好坏与优劣的价值标准来评判。况且，这些价值评判都与人们的习性有关，比如刚才讲的，吃惯麻辣的人，对不麻辣的菜肴评价就是不好吃；吃惯中国菜的人，往往不太赏识西洋菜。这就让我们认识到人们的价值评判与人们的经历和习惯有关系，即很大程度上，人们的价值评判会受到个人的习性与习惯“胃口”的局限与控制，这样的评价结果常常也无法避免习性成见的影响。

这个道理也可以用来帮助理解我们的教育教学与学术评价。很多人会基于自己的"胃口"习性来进行价值评判，只要不对自己习性"胃口"的就判断为不好或不够格。如果，人们的评价不能超越这种习性与成见，就不愿认识，也无法认识到被评价的人物或事物的本身价值，从而形成错误评价，不容易形成批判与创造性的思考与发展空间。因此，当下教育与学术的发展应该从评价机制着手，从考虑评价机制如何最大限度地超越已有习性与克服现有成见开始，这样才能发展出最好的评价标准。

这也可以解释为什么很多改革在起步阶段都会受到很大抵制。改变不是容易的事情，尤其是群体观念与意识的改变，需要建立一个开放的思想价值体系。这样的价值体系中，不要轻易按自己的习性胃口做出麻辣味的菜不好，清淡味的菜不好，英美菜更不好的价值结论。而是要研究，麻辣味的菜有什么好的，清淡味的菜有什么好的，英美菜有什么好的，我们如何运用做不同菜的材料与技术创造出更好的菜系。这样的评价体系才有可能创造与建立真正开放的机构与社会文化，我们的传统才能在开放中进步，并与其他文化共同发展。

当下中华复兴的中国梦想首先需要建立一个这样的全球价值观，以及发展出能领导世界的价值系统。

"大山"与"大海"

刚开学，我的第一次课总是要进行课程介绍。以"传记体叙述研究"课程为例，第一课就像给学生展示一个课程全景，让他们知道这门课程的设计理念、课程内容、评价方式等，还可以讨论评价方式。然后才进行第一次课内容的学习。

"传记体叙述研究"是人文社科的一种研究方法。但很多学生以为这门课是解读或研究传记小说的文学类的课。所以，我的第一堂课有几个目的，其一是让学生明白传记体叙述研究与学生们已有的认识可能不一样，它是一种研究方法，实属方法论范畴。

这个研究视角，通过把个人的形成放在生活与社会的框架下来理解人与社会，人与自然，人与人的相互关系，这是研究个体与社会关系的最好方法。比如，要了解教育体制如何影响（shape）一个大学生的知识结构与能力的话，我们可从教育体制中的高中文理分科来看起。这种文理分科制度对学生会有很长久的影响。高二开始分文理科，自此后一直到大学毕业，理工科学生主要学习理工科知识，这样在理工科环境下多年来就行成一种理工科思维定式，这种思维定式在大学生身上会留下一种特定的气质，有时甚至不必言语，仅从外表感觉，你就知道一个学生是否是理工科背景。文科亦然。通过谈话，你就更能确定了。

最近，我与一个生化学科二年级的学生聊天，聊到学术写作时，这位学生就说，写实验报告时，很多内容都没问题，比如，实验过程、实验方法以及实验结果等等，这些都好写。但有一个方面是最怕写的，怎么也写不出来，那就是实验意义。这就是一个明显的知识结构与思想方法的体制设计在学生中的再现。如果学生的知识结构过于凝固化，缺乏水分来灵动地重组知识的能力，也缺乏开放式思考与学习经历，学生的抽象思维以及扩散思维需要特别加强发展。

知识结构可以是大山，很坚硬。但我们还需要知识结构如大海，很柔软、畅通、融会贯通。这样学生的科学世界观才相对完整与灵活。

我国这些年高校教育改革也针对这些问题进行了调整，来弥补这种体制所造成的后果。如浙江大学的大类培养方案、通识教育以及推迟分专业等就是一些为挽救分科造成学生知识结构不平衡的举措。虽然这些改革还没有完全摆脱分科的思维方式，如其中的大类教育依然是在分科类的方式下进行的："理科、工科、人文社科。"依然深受文理大框架的影响。但这已是很大的进步了。

其实，想想改革前学生一进大学就分专业，把学习定在一个点上，知识结构的狭窄现象就更是在所难免，这会对学生造成长久影响。而传记体叙述研究可以给学生一种方法来研究认识人是如何受社会与体制的设计的影响。尤其是教育体制的缺陷直接造成人的世界观的缺陷。从学生自身的学习来看，则可以这样理解，这门课把学生的学习从学习教科书这一定位放开到学习一个专业与大类，再扩展学习到一个人生活的方方面面。这样专业与社会生活就有一个衔接的机会。我们用传记体叙述研究方法来研究人的时候，我们的视角就可以从书本、教室与学校扩大到这些地方以外的人们活动的社会与生活空间，学生需要从书本学习研究方法，更需要把这种方法运用到研究人的经历与故事。这样，学生的视野才能打开，才能学会创造故事。如果一所大学想要培养出科学家，却没有科学家科学精神研究与经历讨论，那学生就只能学到科学知识，而不容易成为科学家。

学生在做传记体叙述研究时，也可以从他人的经历材料，人生形态以及创造力量中找到能量与发展路径，习得人文精神，获取改变世界的力量。

同时，这门课程也在无意中帮助学生思考浙大原校长竺可桢先生给学生留下的两个大问题："你来浙大干什么，想成为什么样的人？"解决了学习意义这一根本问题，学习动力才出得来。

第 4 章

从个人感受开始评价

在中小学和大学，我们的时间浪费在了愚不可及的一些无聊事物之中，部分浪费在了荒谬的强制性要求上，迫使学生用空洞的思维去作文、写诗和演说。而这些东西应该是具有最为成熟判断力的人才能做到的，也应该是一个博览群书、悉心观摩、通晓格言并勤于创新的人最后的智力产物。

——弥尔顿

三毛与纪实小说

　　三毛是一位台湾作家。三毛是我这一代很多女生青涩青少年时期的一颗蜜糖，一盏明灯。她在那个年代（20世纪八九十年代）让我们感到生活中的甜蜜，让我们看到我们的世界还有远方……是她，而不是指定的教材与学校教育，教会了我们爱与生活这些事。然而，她的离开有点戏剧性，1991年，三毛在台湾一家医院被发现用丝袜结束了自己的生命，给我们留下了一个谜。作为一个曾喜欢三毛及其作品的"粉丝"，我想试着揭开这个生命之谜。我从爱情与文学创作风格这两个角度来解析这位女性。

　　我认为她结束生命的原因很简单，爱情的遗失是她生命枯竭的根本原因。我们都知道她与西班牙人荷西（现在已经成了一个关于三毛的文化符号）有过一段真挚的爱情，她不仅留下了这个爱情故事，更是让世人认识到爱在（女）人生命中的重要性。没有了爱，生命就会枯竭，丝袜就可以了结它。另外，三毛并不是在与荷西之后就关闭了爱的心灵大门，只是没有机缘，她已经走到没有人烟的灵异境地了。她的生命有一种戏剧色彩，这与她以文学为业是分不开的。莎士比亚曾说过：人生如戏。莎翁的名著悲剧居多，有些悲剧比喜剧更有生命力。三毛为自己的生命加了一点悲剧元素，也不足为奇。不过我现在臆想一下，如果那时有因特网的话，会不会是另一个结局呢？

　　三毛作为一个作家，她的文学作品没有她的真实生活本身那么有争议。她用华语写作，我们可以理解为，她的目标读者是华人，她是为华人而写作的。然而，她对世界文学也很有了解，再加上她在西方各国学习与生活的经历，三毛的创作有一种超脱的风格。

　　传统的小说创作就是以虚构（fiction）为主，而三毛的写作素材是她真实的生活经历，读者一看就知，这是她的作品，里面有真人名，地点以及事件，是很明显的纪实内容（nonfiction）。三毛的作品风格清新，透明，风趣，故事线条简单。她对当代华语文学的贡献就是把小说写作包装成一种以纪实素材为主的写作设计。有人把这种以作家自己经历为主的小说称为"私小说"。一些学术界人士也开始借用这种风格进行学术写作，其目的是让学术作品进入到更多的读者中。前不久，社会学家李银河教授就表明要用这种方式写社会学研究，这对推广学术知识与扩大学术界与社会的沟通有重要意义，是以后学术写作的方向。

三毛所处的主要时代背景是上世纪60年代至80年代的台湾，在这个重要的时期里，台湾经历着快速发展，正在打开与世界接轨与互动的局面。与同时代的其他作家如琼瑶等相比，三毛有着许多和他们不同的地方，三毛的创作思想更理想化，更具创作的独立性与创新性，创作内容也更写实与朴素。琼瑶的作品是传统小说写作的代表，她的素材基本虚构，这类作品在改编成电影后，往往在片头或片尾加一句这样的话："本片故事纯属虚构，若有雷同，纯属巧合。"这样的小说让人看一本就够，看完便扔，没有什么长远的生命力与影响力，得不到读者的眼泪与感动。

因此，三毛留给读者的是：一个爱的故事，两个戏剧人生。任何爱情都是两个人的事，没有另一个戏剧性的人，就没有三毛。所以，我们要感谢那个叫"荷西"的人，不管他是真实存在，还是虚构的产物，没有他，我们看到的三毛故事会有不同的情节。"三毛迷"们想透了就是：三毛作为作家是有创作才能的人，她是当代华语文学中，较早敢于把自己的真实人生经历当成创作素材，并写成小说的作家之一，她的作品给人真实感与历史感，读者分不清那是小说还是作者的真实生活。这种创作效果无疑对当代华语文学是有贡献的。同时，三毛也是勇敢与诚实的女人，她忠于自己的感情与创作风格，当"荷西"这个人物去世后，她后来没有缘分开始另一段感情生活，使她的创作源泉受到了影响，她再也没能创作出更多的作品。这样说来，她也是一个固执的人，没有像琼瑶这种女作家一样，虚构出一些故事进行商业运作，单靠名气就可以赚很多钱。这样一想，我们就不难发现，为什么三毛的故事成了传奇，像她所写的歌词："人间仍有隐约的耳语跟随我俩的传说。"这样，作为曾经的"三毛迷"，心里不由平和了许多。

但是，三毛的去世也让我明白，不一定要在意寻找追求什么奇异的生活，生活本身就是精彩的，当失去所爱的人后，人们还要继续做人们想做的，说人们想说的，对自己真诚一点，还可以继续写出精彩的作品。因此，"三毛迷"们，现在与未来，就让内心的平和（innerpeace）带着我们渐入佳境，像席慕蓉写的那样：

我们要热爱自己的工作，不忧、不惧地生活。

李安：生命，透明与野性

李安导演的电影的主题主要是生活，围绕文化、情感与生命。当然，他是用艺术与技术来表现这一切的。

《喜宴》等是关于生活的；《卧虎藏龙》是关于文化的；《断背山》是关于纯情感的；而《少年派的奇幻漂流》（以下简称《派》）则关于纯洁生命的历程。

《派》是李安的最新作品。好的艺术家都通过作品来表达自己与自己关心的问题，这也是他们作品生命力的根基。很显然，生命题材是李安在事业成熟成功之时，尤其是在《卧虎藏龙》与《断背山》之后最想探究的内容。不论是作为常人还是一位艺术家，我们都想要了解生命的奥秘。李安通过把《派》这部小说拍成电影，向人们透析了他的生命如何形成，也探究生存之道。这也许是他愿意挑战《派》这部电影的原因。

首先，在探究生命题材时，他把这部电影的拍摄立足点定在台湾。台湾是李安的故乡，家乡是人们生命的起源，也是孕育人们纯真灵魂的地方。在电影中，当派在海上遇险漂流多日，生命垂危之际，他的小船奇迹般地靠近了一个小岛，而这座小岛是一个母亲漂浮在海上的形状。李安说这寓意了他心中的台湾，一个漂浮的小岛。这是个童话般的小岛，尤其是岛上的水，任何一个水池都晶莹剔透，远看像一颗颗闪光的钻石。派忍不住纵身跃入水中轻盈畅游，洗掉海上漂流的恐惧与盐碱。夜晚来临，星空下，万物变得干净透明，闪闪发光。然而他发现这个岛不能久留，夜晚土壤变酸，是个食人岛。所以，他很快离开了这个地方。

故乡与童年也是成年派故事开始的一切基础。派的故乡是一个印度法属殖民地海边小镇，各种宗教林立并存。派从小对各种宗教的教义既怀疑又好奇，家人还为此取笑过他。他爸爸说："同时信不同宗教就等于什么教都没信。"我认为,信仰代表着人们在寻找一种超乎人类的力量与寄托。派坚持说:"信仰就像房子,可以有很多个房间。"派的妈妈说:"他是在找方向。"人们的很多生存本能都是孩童时期从家人与亲人那里习得,并渗入他们的灵魂。派在漫无边际的海上存活下来,其中一个生存本领便是游泳与强健的体魄。派从小受一个亲戚影响,对游泳印象深刻。派说他是个游泳池收集者,走到哪都要到那地方的游泳池去游泳。派记得他游过最好的泳池在法国巴黎,那里的水晶莹透明,那个亲戚还特意带派去过。而热爱游泳成了派在海上存活的基本技能与情愫。李安在影片中多次特写水的清澈透明与大海的狂野,这体现了他在大海边成长,对水的感知与爱恋。这种清澈透明的状态是很多人灵魂的诉求,隐喻人们经过探究,经历社会文化后,所获得的一种看清事物真相的穿透能力。达到这种状态后,人们才能真正得到心灵的宁静与纯真。纯真善良也是派在海难中生存下来的唯一原因与力量。海难发生变故之夜,派因天真好奇而走出船舱,从而避免在熟睡中遇难。

这部电影剥离了所有世俗元素,如社会、金钱、情爱等,把人的生命放在大海与动物中来探究人的生命与生存之道。显然,人的生命来自于大自然,有其自然属性,即野性成分。不过随着人类生活日益城市化,我们离自然界越来越远,人的这个自然属性也逐渐退化消逝。但自然的力量会唤起人们对野性向往。在当今人类文明社会里,人们一般通过艺术来回归与怀恋野性。只有在真正找回这种野性时,人类在自然中的生存力量才显现出来。

派是在半文明(社会)半野性(自然)的环境里长大的。由于家里开动物园,对动物野性有所认识,他小时想与老虎做朋友,天真地认为动物也有灵魂。而父亲的教诲使他打消了这个念头。他父亲教训他说:"动物和人有本质区别,忘记那点就会没命。"这一教诲使他在海上学会了与老虎相处并相依,但始终保持着距离,只是当两者都奄奄一息,感到生命将尽,派才敢轻轻抬起老虎的头,亲吻抚摸它。最后他们都存活了下来,老虎归山,派在人世。老虎作为代表野性的一种符号,无论是寓意派的部分本性,还是寓意自然,都是相当重要的。

当人处在狂野的自然中，无论是大海上还是其他自然环境里，比如要在自然界中面对野生动物时，人的社交属性并不能全部派上用场，起不了什么作用，而是要靠自然属性中的野性来生存，比如通过对视、咆哮等手段激发出力量来对抗海浪和征服其他野兽，同时让自己保持警惕状态，不至于因沉睡而被野兽与大自然吞没。出于对老虎的恐惧，派产生了强大的生存力量与勇气，这是他的生命在大海中的需要。与野性共存激活了人自然属性中的野性成分，这也是生命的一部分，从而让人在自然界中得以生存。

李安通过温文尔雅的表达，实际却提醒着人们要承认与留住野性，因为这是一种发展人性的重要力量，也是人的自然属性。野性的消逝是现代文明人的巨大遗憾。人们变得柔弱与虚伪，失去了人性的完整，削弱了生命的力量。希望这种野性能够长久留存在人性之中。

野性固然重要，但是那只是人的自然属性的一部分。只有人才会意识到这一切，并把它表达出来。就派的故事而言，只有野性是不够的，老虎能让派在恐惧中产生勇气，保持警惕，在大海上存活一段时间，但它终究不能让派彻底脱离困境，就像电影里说的，"语言是我们最后的救命线索"。最后是人的出现才把派从濒临绝望中拯救起来。对人们的讲述中，他的经历就成为了故事，故事是人的社会属性的专利产品，是人与人交流的基本工具，是人的自然属性与社会属性的统一体。由此可见，派最后得以生存，他的生命得以延续是人的自然属性与社会属性共同作用的结果，是故事让更多的人明白人类的生存既需要人的自然属性也需要人的社会属性，二者缺一不可，人们在故事中看见完整的人性元素。当人与野兽博弈时，人的自然属性才得以体现，人在自然界的生存能力才能得到锻炼。如果人类成了地球上的唯一动物时，当面对大自然，人很可能会因为没有自然力量而无法在自然界生存。但是，只有人与人社交互动时，才有故事，故事才能得以产生。有了故事人们才能明白这些道理，让人的这种社会属性成为人类文明传承发展下去。

所以，我们既要保护野生动物，又要保留人们的文明产物——故事。这是保护人性完整与人类自身可持续发展的需要。

创新天才乔布斯

乔布斯 30 多年的创新生涯给各行从业人员留下了很多启示。从一个叛离的嬉皮士修炼成一个完美结合科技与人文艺术的创新天才，这是一个既疯狂又执著的传奇。他既不是一个纯粹的 IT 工程师，也不是一个纯粹的艺术家，但他喜欢音乐与东方文化，而且很懂电脑技术。这是他能创造出风靡世界的最先进技术与人们喜爱的产品的基础。他在前瞻性思考与视角驱使下设计与制造出的产品（如 Mac Apple 电脑与 iTunes、iPod、iPhone、iPad 等系列）是推动人类在新的历史时期向前迈进的重要工具之一。这种力量可以与爱因斯坦的相对论相提并论，它们都加快了人类认识世界的进程，推动了人类进步。

乔布斯的力量主要表现在，这些科技拉近了大众与艺术以及各种科学知识之间的距离，人们听音乐，学习，阅读，沟通以及接触与创造知识不再受到严格的时间与空间限制，可以通过使用他们热爱的产品来爱上音乐、学习与阅读等。这些活动通过这些产品变得简单可行，人们也感受到这些行为是时尚的。因此，这些技术与产品的创新，大范围地推动了学习与知识创造，成为人类前进的动力。乔布斯"让宇宙凹陷"的梦想也因此成为了现实。科技是推动人类文明进步的工具。

乔布斯在商业管理上的前瞻性与领导力也是史无前例的。苹果公司让硬件与软件同时发展，形成了一种标新立异的整合控制方案。这使苹果不用依赖其他 IT 同行的产品，避免了与相对落后的公司进行合作所带来的不良影响，从而保持了苹果的绝对领先地位。苹果早期使用微软产品时，乔布斯就经常抱怨其不足之处。这种整合控制方案虽然使苹果产品产生了兼容性问题，遭到广泛质疑与批评，但却成为苹果从其他杂牌产品中脱颖而出的重要策略。乔布斯的营销前瞻性也是创新不俗的。他认为，人们在创造新产品时，一般的市场用户调查是没有作用的，因为"只有当你把新产品放到用户面前时他们才知道自己需要什么"。真正的新产品是人们没见过的，没用过的，所以他们还无法谈论喜不喜欢或需不需要的问题。

这也使我联想到教育领域的一些现象。我们过去常常认为，我们的教育教学要适合学生的学习风格与需要，这样一来，就很容易走入配合学生现存学习方法与习惯进行教学的误区，供求之间往往会相互就下，不断放大缺陷和满足弱点。教学的目的无形中变成了满足过去与现在的需求与风格，而不是引导学生认识与创造未来需求。这样的教育教学就失去了发展与进步的空间。一切真正的发展与变化都不是简单容易的事情。

乔布斯不是一个完人，更不是一个圣人。他脾气乖戾，不好相处，常常破口大骂，一味驱动员工追求完美技术与创造最好产品。他的妻子也表示，乔布斯没有为别人着想的优雅举止，但他有推动人类进步的情怀。乔布斯55岁才开始愿意相信上帝的存在，在此之前，他一直着迷于修行东方佛教禅宗，他的苹果公司也有日本禅宗修行人做精神向导。他甚至一度想到日本专修禅宗，后来被他的禅宗大师劝阻。然而他至死也没修得"心静"的境界。在通向死亡的床上，他还在用最后一口气大声斥骂 Google，还在想着如何保持苹果公司的领先地位，使之长盛不衰。他是一个没有被征服的斗士。

从一个叛离的嬉皮士到创新天才的动力到底是什么？乔布斯的传记作家沃尔特·艾萨克森用"intensity"一词来概括了他的个性特征。我把这个词理解为"浓烈的情感"，这是乔布斯成功的重要驱动力。

乔布斯对科技与人文艺术的热爱和他的直觉是造就独一无二的乔布斯的主要元素。这种元素需要一定的文化环境才能存活，美国真诚追求创新的社会文化加上乔布斯练就的东方禅宗气息使乔布斯成为领先世界的创新者，甚至在三次职业高潮后依然坚持创新。用学术话语说，乔布斯是一个跨学科与跨文化的人才。

乔布斯能保持"浓烈的情感"，也能一直依靠直觉，这样的人格特征是可以从弗洛伊德的心理研究中找到解释的，也可以从乔布斯对爱因斯坦与甘地等优秀人物的学习中找到支持。乔布斯二十多岁时，在自家房子墙上挂了爱因斯坦的肖像。爱因斯坦在上世纪初用其独有的"思想实验"提出了相对论这样一个科学理论（1905）。他独立思考与不屈权威的个性是很明显的。爱因斯坦是一个科学界的"叛逆者"，也是一个愉快的独行者。如果他简单接受当时的权威科学知识或实验方式，可能就不敢提出相对论。相对论提出十多年后爱因斯坦才获得诺贝尔奖，而且是1921年因发现并解释了"光电效应"而获得的，科学界同行十多年后才开始接受爱因斯坦的科学贡献。

乔布斯年轻时也被视作叛逆者。亲生父母在他出生时就播下了这个"种"，他们放弃他，让他被领养。在放弃与领养中形成的"浓烈的情感"特质主要表现为爱恨兼备，工作中喜怒特别明显，甚至有点疯狂。因此，乔布斯在招聘时需要的人才有一点"叛逆"的特点也就不足为奇了。用弗洛伊德的心理研究来解释的话，乔布斯的这种不掩饰自己"浓烈的情感"的性格特征不属于"群体里的个人"特征，是一种不受明显群体影响的"孤立"个人特征。弗洛伊德认为，这种独立于群体的个人情感特征是一种看不见的无形力量。在群体里，个人往往会约束自己的情感，抑制这种个人独立时才能保持的力量。在不掩饰喜怒时，这种情感也表现为直觉。从这几个案例来分析，独行时的快乐和轻微的叛逆是保护直觉的手段。乔布斯身上的直觉就是不加掩饰的"浓烈的情感"，这是他创造力的源泉。

感谢沃尔特·艾萨克森在写传记时为我们理解和培养创造力提供了很多科学线索。

对苹果发布会的几点感悟

　　还没看完2012年苹果发布会的完整视频，先伴着后面的音乐写一点观感。

　　发布会基本继承了乔布斯的风格——"牛仔裤"系列，上台展示的工程师都穿牛仔裤。他们或许在传递一个信息，告诉大家："我们都是实干家（down-to-earth）；当我们说我们的工作很令人激动或我爱我的工作时（It is exciting and I love it），我说的是心里话（I/We mean it）。"他们说的每一个字和他们脸上的每一个表情都体现出浓烈的情感（intensity）。

　　苹果公司的继承人，新任首席执行官蒂姆·库克（Tim Cook，1961-）开场展示了他的背景，零售出身。他的特点就是直线对接终端用户（reach out to customers）。蒂姆确实做到了乔布斯做到的，也做了乔布斯没做到的，他确实把苹果公司（Apple）带到了一个新的界面（new level and further），也促使科学技术有了新发展。

　　这个发布会的"核心"是A6提升了科技的新台阶，"内核"的技术进步是一切产品发展的驱动力。发布会主要通过iPhone5演示了这些新科技的运用，我比较喜欢它的地图和语音对话功能。而发布会的灵魂是音乐。看后的总体感受是：苹果既"cool"又"hot"。不知大家注意到没有，摄影镜头不断捕捉着观众席中的前副总统艾伯特·阿诺·戈尔（英语：Albert Arnold Gore, Jr.，1948—）。看来，戈尔也是一个苹果粉丝。

当性别差异遭逢文化差异

前些年的中国，很多人认为女人喜欢豪宅跑车或权力金钱。所以，越来越多的男人拼命去获取这一切来捕猎女人。男人以为，只要自己能买房买车，做大生意就能满足女人的奢侈名牌胃口，就会有很多女人围着自己转。

女人也将男人只喜欢漂亮年轻的女孩奉为真理，这同样促使不少女性总是把自己打扮得年轻貌美的样子去吸引男人。甚而认为男人就是动物，只要给他吃饱吃好抓住他的胃，就能留住他的心。

事实上，我们也不能说没有道理，这些对很多人确实是有效的。

然而，对有些人来说这是不够的。因为，这些东西满足了人的物质与动物属性的需求，却不能填补人性中灵魂与心灵的空白，心灵与精神不能被满足，才是人们最大的茫然与不爽。

首先，胃口与心灵是人的两个地方，衣能遮体，食能果腹是人最基本的需求，是最容易满足的。但它不能代替人心灵的满足。所以，那些总是在胃口方面下功夫的人没有认识到人有心灵的需求。

当然，胃口与心灵的满足都很重要，缺一不可。身体与精神结合是人的基本元素，这是没有性别之分的，男女都一样。心灵是可大可小的地方，人们的心灵需求、精神需要不易量化，所以，我们也不容易把握如何满足人的心灵需要。这就是人与人相处有趣的地方。只有一个人既有温饱的需要又有心灵的需求时，才是作为一个完整的人的表现，即这样的人既有自然属性又有社会属性。人的这两种属性都是通过与他人的相互交往来实现的。因此，他人就成了自己能否实现与如何实现做一个完整个人的自我价值的重要伙伴。这与人所依存的文化环境有直接的关系。

一个从中国文化下成长起来的中国人，可能会认为孝顺，重男轻女，男人拥有权力，女人为丈夫事业做贡献，帮助他们事业发达与多赚钱是理所当然的事情。由于种种原因，人们通过学习他者文化故事以及媒体等使他发现有实现自己价值的需求。这样的学习使他有了探索自己人生的勇气与力量。推动他开始了寻找自己生命意义与实现自己人生价值的旅程，远游到了地球的其他角落。当他多年沐浴在一种全新的文化世界，学习现代科学知识体系，师生与男女平等的社会关系使他受到良好的教育，田园宁静的生活赋予了他灵魂与情操，这使他的心灵得到很大的满足，获得了创造美好生活的愿望。

相反，一个英国或欧洲人，一位绅士或淑女，离开有现代文明的故乡，来到了神秘的东方国家，在中国生活数年，经历了中国工业与经济的数十年发展。一个经济飞速发展的地方满足人们的温饱是没问题的。但在心灵与精神方面，就容易找不到方向而迷失自己。如果不幸落到坏人的人群里，他们还会有更大的危险。这让生活在中国的外国人也有寻找安全感与找回自己绅士或淑女身份的需求。幸运的是，这些人的跨文化生活经历会赋予他们丰富的智慧，会让他们有找到可能曾经迷失过的自己，并拥有创造自由美好生活的力量。

经历不同文化能给予我们不同的人生体验。常常仅是在普通的生活中，我们发现与认识了某些有不同文化经历的人，他们让我们有不同的思考与发现，引起我们的好奇。

刘勰创作理论视角下的人文关系

当前我国语文教学与语言教育有着背离我国优良创作传统的趋势。如何充分利用发扬这些优秀的创作思想，为现代写作教学服务，培养创新人才是一个值得思考的重要问题。这是由于当今语言文化教育与文章写作教学，都越来越分离文章写作与作者心灵情感和思想观念发展的关系造成的。很不利于语言文化教育对学生人文精神的提升，同时，这也违背了我国优秀的"文由心生"与"诗言志"和"诗缘情"的人文创作与写作传统。

文章写作教学需要处理好"人与文"和"文与心"的关系。语言文化写作教学可以利用我国优良的文章写作与创作传统，特别是我国南北朝时期创作理论家刘勰（约465—532）为代表的创作思想，作为教学实践的指导理论，来探索如何在文章写作教学中建立"人"与"文"的良好关系，实现"以文化人"和人文相应的语言文化教育目的。这是我国当今语言文化教育发展的重要方面。

古今中外的文论与创作原理对人与文的关系的认识有着优良的传统，这对我们现在进行文章创作时与写作教学中，处理好人文关系有着重要的启示与指导作用。人与文的关系也是我国古代的文论与创作原理讨论的核心内容之一。齐梁时期重要创作理论家——刘勰，他的文论巨著《文心雕龙》，是研究文章原作与创作的重要著作，对我国语言文化的创作以及学术写作发展有着深刻影响。刘勰在《文心雕龙》中提出：文由"心"生的理论，奠定了文章写作与文章是反映和表现作者的心灵道理与思想观念的人文创作精神。这也成了我国文章创作与写作的优良传统的一部分。

刘勰的创作思想非常丰富，影响深远。他的创作思想成就在于奠定了创作与写作要人文结合和文由心生的写作原则。他在《文心雕龙》中，首先强调"原道"的命题。刘勰在《文心雕龙》的"序志"里说:"盖文心之作也,本乎道……"他认为论文的本源在于道,表明文章创作中内容与形式的关系,明确内容的重要性。他提出文章内容以"本乎道"与"明道"的主张。这是我国创作传统中关于文章创作的指导思想。

文章写作是文人表达"道"与"志",即作者思想观念的创作活动。我国文献对文章创作的认识表现为文章和论文创作实际也是一种人类的理性的思维活动。文章创作要表现人们的思想感情和对客观事物规律的认识。刘勰强调的明道是"自然之道",即文章写作反对矫揉造作,与只重形式不重内容的现象,对创作也要求按照"自然"的原则。因此,作为我国传统创作的重要指导思想,刘勰的创作指导思想反映了写作内容需要物理层面客观的真实写照与心理层面主观的思想认识相结合的原则。

刘勰创作思想强调文心即德的写作观念。研究刘勰文论与文章学理论的学者周振甫指出,刘勰在《文心雕龙》的首篇"原道"中的第一句话就提出"文德"的概念:"文之为德也大矣,与天地并生者何哉?"阐明文章反映天地间客观事物的真实面目的话就是"德",这才能生成好的文章。但如何观察与观察什么是由"心"而生。"原道"又说:"心生而言立,言立而文明,自然之道也。"进一步强调了反映客观事物规律的文章写作离不开人的心思的影响。刘勰认为有了心思,即思想感情,就要用语言来表达,有了表达思想感情的语言,就有文。因此,文由心生,言立而文明,当这些都出于自然,真实反映人的思想与对事物的观察时,文章就有"文德"。

周振甫在解读刘勰的创作思想"文德"时指出了"文德"的两个方面的意思,"就德作为功用讲,写作要反映政治教化的功能。就德作为道德讲,写作讲道理,还要讲正义,培养正气。"他说,这样看来刘勰讲文德是比较全面的,是值得借鉴的。因此,在文章写作教学中是可以参考的,写作教学也是教育的一个方面,以作文育人和"以文化人"是教育教学的重要手段。

刘勰的创作思想除了对人文关系的确立与阐明文德的根本源于人心的写作原则外,他的创作思想中,关于写文章时要有创造性,教导人们如何看待与获得创造性的论述都有现实意义。刘勰的创作总论主要讲创作与原作要观察事物和酝酿文思。他的"神思"论就是强调写作要构思，也要有想象力，这是文章影响深远的基础。他说："文之思也，其神远矣。"这也是我国创作传统的精华所在。我国西晋时代文论家陆机（261—303）在《文赋》中也强调"心游"的自由思考的创作文论。刘勰思考与论证关于如何对待文章写作中的创新问题时，他提出"执正以驭奇"的观念与创作态度，文章写作既要继承传统又要有创新。认为创新要在传承优良传统的基础上进行。创新与"变通"是文章写作与创作可持续发展和文思不竭的关键。这些创作思想至今具有很大的现实意义。在指导创作与写作实践中都具有现实作用。

创造力与知识经济模式

改革开放 30 多年的经济发展，使中国成为了世界重要的制造中心。可以毫不夸张地说，地球上各个市场上都有标记为 "Made in China"（中国制造）的商品。这种以制造为主的经济模式主要靠大量低技术劳动力和依赖大量自然资源来维持。在这种经济模式里的工作市场上，就出现了最近微博上所说的"大学生干不过农民工"的就业脑体倒挂现象，出现农民工比大学生更容易找工作，甚至农民工工资比大学毕业生的工资高的情形。

前段时间微博上有人将大学生干不过农民工的原因归结为四点：（1）有学历没阅历，能应付书本不能应付社会；（2）有知识没技能，不实习就是废物；（3）心高气傲，不甘心从底层干起；（4）关键一点，相比农民工，被中国教育"毁"的时间更长。

个人认为大学生干不过农民工的基本原因是当前以制造业为主的经济模式造成的。以占地造房，扩路修厂，为世界生产衣帽鞋袜，加工汽车电脑等经济特征是造成这种大学生干不过农民工现象的主要原因。这样的经济结构只需要体力劳动与原材料，对具有复杂知识与高级技能的原始创造力需求低，制造型经济的生产不需要受过良好教育、有创造力的从业人员。反而没有受过多少教育的劳动力就足以胜任这些工作。

这种经济模式也是造成当前以生产低技能人才为主的教育模式的主要原因。因为，教育机构本质上是社会结构的一部分，中国几十年来形成的一个制造型的社会经济还不十分需要有创造力的教育系统。中国经济作为世界经济结构的一部分，主要承担了制造业的部分，这种经济模式的形成与中国人口多，劳动力廉价，以及创造力基础薄弱，同时又急于快速发展也有直接的关系。

"文革"后，中国社会从无产价值取向转向了有产价值取向，并且提高生产总值一直是经济发展的目标，也是经济发展速度的指标。这种完全依赖自然资源与廉价劳动力的制造业就是最快的，也是最直接的经济增长手段。可惜这样的经济发展模式是不可持续的，当自然资源耗尽时，这样的经济就得终结。成熟的发达国家较早地认识到这个大问题，他们的经济较早前已从工业经济转型成了既要保护自然资源同时又需要大量创造力的知识经济。因此，这些国家的污染环境与消耗自然资源的制造业就转移到了其他发展中国家，成熟的发达国家主要保留需要创造力与创新技术为主的生产工作。具备很强原始创造力的机构与公司平台几乎都不在中国。世界主要有影响力的创造知识的知名大学机构与发明新技术的公司就基本源于欧美地区，这也形成了世界当下经济结构的主要布局，即成熟的发达国家负责创造新的理念与技术，其余国家承担制造的任务。

　　知识经济为主的经济模式主要以创造行为为主，如创造新的理念与知识，而制造经济模式基本是劳力密集与简单消耗自然资源为主。我国早已认识到制造型经济的局限，这种局限主要表现为这样的经济模式不是用知识与高级技术来减少对自然资源的消耗，也不能把不得不消耗的自然资源的价值最大化提升。

　　近几年，中国经济与社会转型已成为焦点话题。我国经济近些年在很快的变化转型中。现在正从制造工业转向需要知识文化元素的创造型经济为主的模式发展，向多元组合结构的形态发展，愈趋向有弹性的软性的经济层面发展，比如发掘精神文化，思想知识等软实力以及绿色空间的价值。也只有通过发展软实力，中国才有希望成为一个可持续发展的创造型的经济体。

第 5 章

讲述自己的故事

　　谨慎说话好过雄辩，与我们谈话之人说一些大家都同意的话比说一些好话或按好的顺序说更好。一个能长篇大论的人却不善于对话则显得迟钝了。如果善于对话却不能坚持到结尾，就显得肤浅和无力。

——培根

我们放不下的就是证明我们存在的价值

在浏览"传记体叙述研究"课程材料时，读到两位美国长岛大学（Long Island University）的学者为著作 *The Call from the Stranger on a Journey Home：Curriculum in a Third Space* 写的书评，莫名有些感动。

该书作者是在美国俄克拉荷马州立大学任教的中国人，她名字的汉语拼音是"Wang Hong-yu"，内容大致是探讨作者的中美文化的经历、记忆与文化故事，综合了几位重要哲学家的思想与理论视角，如法国当代哲学家福柯、孔子以及法国哲学家朱丽娅·克里斯蒂娃（Julia Kristeva,1941— ），把自己作为一个女性的"自我认同"（self），"家"（home）和"差别"（difference）等概念糅合在了一起。

联想自己这些年在不同文化里学习和工作，思考与写作也离不开这些基本内容。开设"传记体叙述研究"课就是这种经历的结果，想对人本身进行身体、精神、经历、文化以及心智层面的认识，发展以及创造。这是一个女性学者的本能行为。

读了这篇书评，方才知道其实有很多这方面的哲学理论。"Self-care"就是福柯的理论认识，其要点就是人们应该对自己的生活有积极的掌控，比如，照顾好自己的身体与灵魂（body and soul），丰富自己的经历与提高自己的能力，这些都是基本的积极生活态度。只有这样，我们才能质疑社会常态，不轻易被社会常态所迷惑，成为能够推动社会进步的个体，而不是消极被动地应付社会的发展变迁。这对自己和他人都有好处。

那么这个"自我"（self）到底是什么？人们因什么而存在？思考了这么多年，我得出这样一个结论（尽管它还不是最终答案）：我们放不下的就是证明我们存在的价值，这是构成自我的核心内容。这可以从某种程度上回应"我们为什么存在"或"生命的意义是什么?"的提问（"Why we live" or "What's the meaning of life"）。这也是众多成功人士在各种演讲或社会活动中与人们分享的人生成果。歌手的声音是人们感知他们存在的最直接方式；教授学者如不讲学、不著书立说的话，就难以被称为知识分子了；写作是证明作家自我价值与生命意义的方式；公司是证明一个人有所作为的实体；艺术是表达的一种方式；建筑是工程师与工人的共同作品……如果没有了这些，放下工作，劳动与兴趣爱好，人们就都随波逐流，淹没在人海中，谁也看不见，谁也想不到。

所以，不放下就是一种付出，而得到了付出后的收获才算拥有美好人生。我们生命的意义与目的就是要亲自经历生活，我们的各种经历赋予了我们自我价值。

假如给我三天生命

　　2012年某次上课时，有位同学说到自己课程研究话题时，她因为世界末日的话题引发出一个想法，想在浙江大学的学生中做一个关于如果一个人还有最后三天可活，最想做的事情是什么的调查。

　　这件事再一次触动了我自己最近对于生命的思考。从小到大，经历过几次生命受到威胁的时刻，但都没有去深刻思考生死的事情。但我们知道，生命总运动于大自然与人类文明之间。有时候，我发现生命是脆弱的，死亡也随时可能发生。这位同学在此提醒我们去思考关于生死的问题。沉思良久，我要在世界末日来临之前如何过生命最后的三天呢？这也是思考生命中最有价值的东西的一个机会。

　　如果可以的话，这三天之中，不分先后顺序，其中一天，我想再次经历童年时候的任何一天。那时，生活的基本元素是，一条河流围绕着小镇，房屋周围有郁郁葱葱的庄稼，善良的人们在勤勉劳作，孩子们力所能及地帮助家里做家务，玩跳绳与捉迷藏等游戏；夜晚，姐弟三人围着继续在家忙碌的父母，母亲一边做家务，一边给我们讲故事，故事里总有一些教育寓意，一切都是那么平和与宁静，心里充满着对更美好生活的向往。虽然生活中总会有一些无知的成分，还好自己的母亲受过教育。

　　如果可以的话，另一天我想要再回味一遍在英国巴斯大学读书的时光。在那里，在那时获得良好的教育，真正爱上了学习的经历。那里的环境有如童话仙境般美丽，雅芳小河潺潺流过巴斯古城中心，步行于有着几百年历史的小桥之上，或者是街道与原野村落之间，思考与畅游在文明与知识的大海中，仿佛置身于另一个和平自由的世界。在那里，通过知识与学习，感受到了自己的灵魂，这种经历让我把它实现于自己的生命之中。那时，让我痛苦的是对父母家人的思恋。

　　如果可以的话，死前我还要继续现在这样平静的生活，也有工作的一天。这一天里，我在学校上一堂课，愉快地与学生们讨论人生方向，生命意义，知识与真理，以及故事的力量等；还要用点时间写作我关心的问题；之后和家人一起在家做一顿大餐，与女儿畅谈生活、学习、爱情以及家庭。

"欲兴国民，先兴小说"的命题

学者发现，目前我国中学生与大学生在文章创作或写作时，用汉语和英语写出的文章都存在"作者身份缺失"和"心灵遮蔽"的现象，出现一种"有文无人"或"文中无心"的写作问题。

张国俊在她的著作《艺术散文创作论》中指出影响当今文章创作的重要障碍之一是语言与语文教学对"人的遮蔽"，以及对"人的心灵的遮蔽"。这种"心灵的遮蔽"表现在"思想的遮蔽，情感的遮蔽，语言的遮蔽"。

与此同时，学者桂林在研究外语教学中英文写作时，也发现同样的问题。她在研究我国大学生的英语文章时，也发现这些学生的英语文章中没有"写作者自我身份认同"的问题。这种"写作者自我身份认同"的缺失具体表现为文章缺乏写作者自己的观点。

以上观察与研究表明我国语言与语文教育教学中，都体现出了学生写作的文章中"文"中无"人"，或有"文"无"心"的文章写作现象。这严重偏离了我国优秀的创作与写作传统。张国俊继而揭示了现在平庸化、简单化与功利化的语言教学观念与内容，使语言，尤其是写作教学无力健康发展学生思想情感的问题，造成学生写作严重缺失人文精神的后果。此外，在语言教学思维框架下的写作教学活动基本局限在语言的基本单位，如字、词与句的练习中，缺乏对学生文章创作意识的培养，作文教学也缺乏以文章为思考单位的写作教学理念。

由于学生的文章学习经历中，即他们记忆中，从初中到高中，以及在大学写作中，不同阶段的写作学习几乎就是考试"得分"训练。这种环境下，学生文章写作与"分数"和"字数"产生了不解的"情结"。写作教学很难在短时间内帮助学生走出这种学习心理的桎梏。这需要耐心与精心的教学安排。

这不论在母语还是外语教学中都十分突出。

当下的写作教学首先需要帮助学生建立正确写作认知，做到从考试写作的背诵模仿学习心理进入到写作是创作、是作者思想文化的表现，是表述自己思想与观察，探究科学知识，与他人沟通交流的渠道的认识转变。加强学生在写作中作者身份的认识。

写作教学还要帮助学生认识文章写作的本质。文章的核心是作者观点与文章结构。作者观点就是文章论点，是作者用来与读者沟通与交流的主要内容。

《国家中长期教育改革和发展规划纲要（2010–2020 年)》提出：教育教学要为发展创新人力资源，建设创新型国家的目标服务。这个纲要提出了教育教学是建设一个"新国民与国家"的教育愿景。这关系到如何在全球环境下找到新的国家发展策略与路径的大事。无疑，进一步发展中国公民人文精神与用语言表达思想的能力是全球环境下国家发展的重要策略。

梁启超早在 1902 年就提出"欲兴一国之国民，必先兴一国之小说"的理念。如何对待语言文化的创作问题是找到发展语言文化，造就"新国民与国家"的重要途径之一。

确立良好人文关系与回归文由心生的写作原道，通过文章写作教学使国民提高语言运用能力与发展思想精神是一个重要的强国与教育理论。

苍白生活里最美的遇见

——来自学生的"课程感想"

一开始我只是把"传记体叙述研究"当作普通的人文社科类课程看待，以为老师的课只是单纯地讲传记体叙述方法的类型和技巧。但随着课程的推进和展开，我收获的启发和灵感，最后得到的思考和由此开阔的视野，已非一门简简单单的通识课程所能概括……

纵观我不长不短的二十年人生，从小到大都是人群中的佼佼者，我的思想单纯、性格内向、视野单一。当然我对自己各方面的要求都比较高，不甘落于人后，所以把很多时间精力花在学校生活上，其他生活方面则缺失很大。相较于同龄人，我也是一个名副其实没有"故事"的人。准确地讲来，在课堂上，赵老师生动地描绘"故事"这个概念时焕发的熠熠神采，让我第一次真实地感受到原来自己的人生是如此的空洞。除了一些可以在自主招生自荐表里书写的简历标准的轨迹，我找不出其他任何精彩或者值得铭记的可以称得上"事件"的经历，写进我的"空故事"。的确，在形而上的世界里，我的存在太虚无。

在我及同龄人中，我们都存在这样的困惑，除了学习，其他一无所长。我们只懂得钻研学术，比 GPA，在看似客观理性的数字里寻找自己的人生价值。而对于这些数字以外的生活，我们一无所知。我们不了解当下同龄人流行的话题，不了解青春年华最应在意的事。我们埋头于题海，在象牙塔里不知光阴的美好，空空了解大部头的理论和各种科学技术对人类社会发展的意义，却在自己美好的年华里写不出溢彩光华。这是不是"故事"的全然空白？是不是我们"数字人生"背后的空洞？纸面上的"优秀"难掩内心的苍白。

我也曾试图在高中时书写一些和"数字人生"这个永恒的主题背后不同的"我的故事"。我花费大量的时间读中外名著，看朱生豪的莎士比亚解读，梁漱溟的哲理人生《这个世界会好吗》，钻研老庄退守无为的精深。然而，读书并不能使我的世界在书本以外更丰富。我唯一拥有的还有一项特长，就是二胡。虽然这是小时候我的父母培养的，却是从小到大陪伴我最久的事物。我不知该如何描述音乐对我的影响。小时候，我会坐在谱架前拉各种各样的曲子，在各个音符间寻找一些奇妙的联系，好像那些让人大脑愉悦、一瞬间可以超脱这世俗生活的烦恼的灵感，都来自这些音符编排的巧妙。不同的节奏、调式、不同国家的作曲家写作风格、表达的不同主题、从民间底层到隆重的皇家配乐，我感到无尽的乐趣。也许不仅仅是乐趣，不知是否是生命的一些体悟（我是工科生，对文科的理解甚少，很难在词汇上体悟出这些）。这是我对这个社会的各个阶级不同人的世界的触碰。我在那些快要消逝的文化轨迹里哭泣，在《格里高利圣咏》的旋律里获得自由，在《二泉映月》的沧桑里将心雕琢出溶岩的玲珑……也许我们没有时间去经历这个复杂的社会，我却可以从音乐里一窥究竟。这既是我幸运的地方，也是我的一点点故事。

很遗憾，二十岁未满的我是一个没有太多学习故事的人。谢谢赵老师让我认识到这个问题。能在还来得及的时候明白这点别人没有告知的大问题，也算是我苍白生活里最美的遇见。传记体叙述研究课程结束后，我会继续在我有限的人生里用我的选择和经历写我独特的"故事"。我会一直记得，是在赵老师的传记体叙述研究课上，我得到启蒙，开始我真正的"故事"。因为我是工科生，平时的课外阅读以专业性书籍居多，因此语言比较朴素，不如许多其他同学的论文精彩。

从"传记叙述研究课程"探究如何成为有故事的人

——来自学生的课程论文

这学期"传记体叙述研究"的学习与我在选课时对这门课的预判是完全不同的。在这门课中我感悟的绝不是之前想象的只是关于传记体的知识那样简单。我意识到传记是可以作为一个媒介,让我们透过它去窥探背后隐藏的人生感悟。

在通过深入阅读介绍何明芳（Ming fang He）的三篇学术文章之后,我学到的不仅仅是关于传记体文章的比较新颖的结构形式,更为重要的是让我对于传记叙述方法有了更加深刻的认识。一直以来我只是觉得传记叙述就是对一个人一生的总结,把这个人所经历过的故事记录下来。然而何明芳在文章结尾写道:今天的自我是过去所有自我的整合。正是过去的所有经历和经验的积累,过去所有对于生活的感悟的融合,才构成了今天我们所拥有的人生观与价值观。因此过去的经历绝对不仅仅是过去,而且会对现在产生深远影响。

在课堂上,老师曾经多次提出这样一个观点:我们中的大多数都是没有故事的佼佼者。这句话引发了我的思考。现在的大学生,尤其是身处浙江大学这样一所重点高校之中的我们,可以说是同龄人中的佼佼者。但是回望我们过去二十年的生命历程,我们中的绝大多数人从小到大都沿着一条按部就班的轨迹成长。这条轨迹很少由我们自己选择,而且早早地就被家长们设计得无懈可击。我们需要做的只是乖乖地在这条设定好的轨迹上成长,去上学,去写作业,去参加各种课外辅导班,直至我们最终步入大学校园。那么,我们是否真的没有故事呢?

在探讨这个问题之前,我首先在心里默默问了自己一遍:"你觉得自己是一个有故事的人吗?你最值得拿出来分享的故事是什么呢?"在问完这两个问题后，我发现自己的脑海中是一片空白。过去我从来没有认真思考过这些问题，现在拿来问自己，我发现思考了很久也无法给出一个像样的答案。我突然觉得我就是老师所说的标准的"没有故事的佼佼者"。从小到大，我一直是沿着一条最普通、最正常的道路前进。身边的人有的很早就不再上学，很小的年纪就投身于社会的熔炉之中，还有的去了部队磨砺自己。而我始终按部就班地读书上学，沿着一条被多数人所认同的最平坦、最正确的道路前行。就这样我考进了浙大这样一所重点大学，成了亲戚朋友夸奖的"成功者"和"别人家孩子"。但当我回忆过去这人生中并不算长的一段路，发现自己的经历却是如此波澜不惊，没有任何曲折可以拿出来分享。我觉得在真正面对这些问题的时候，像我一样感到不知所措的还会有很多人。带着这些问题，我找到了自己最好的朋友，也是我这次研究的访问对象，来探究如何成为一个有故事的佼佼者问题。

朋友听到我的请求后感到很惊讶，我说明原因后他还是答应认真配合我。此外我也向他保证访问内容会出现在课程论文中。下面是我们谈话内容的摘要。

问：关于传记你是怎么看待的？

答：我觉得传记在生活中很常见，就是对自己或者别人的一生进行总结，记录一个人一辈子的一些重要时刻和事件。

问：你觉得传记能不能真实概括人的一生？

答：传记的可信程度应该还是比较高的，当然传记尤其是他人所写的传记肯定不能做到全面的概括，里面的内容也不能做到完全真实，不过总体来说可信程度还是比较高的。

问：你觉得什么样的人才可以被写传呢？如果让你为自己出一部传记你觉得可行吗？

答：肯定是名人才会有传记的吧！（大笑）我怎么写传记，也没什么可写的啊！

问：那你觉得自己从小到大最值得拿出来分享的一件事是什么呢？

他沉默了一会儿，然后说没什么可讲的。在我的一再请求下，他讲了他和从高中一直追求到大学的一个女生的故事。这个故事我很早就知道，在我们高中时就有很多人知道。在高考结束之后，我的朋友曾经租下了一个羽毛球馆，精心布置了一个在我们看来很盛大的表白仪式，还邀请了很多朋友去捧场，但是却没有成功。

我只问了这么几个问题，谈话的时间很短。但是我发现当我让他讲出一个故事的时候他脸上的茫然和起初我问自己时的感觉几乎一模一样。后来我又用同样的问题询问了身边的同学和朋友，大概有七八人，却没有一个人能很快给我一个明确的答复。这个结果与我在开始之前所预想的几乎相同。也就是说我们中的确有很多人难以发掘出自己经历中可以拿出来分享的故事。也许很多同龄人都已经成为了"没有故事的佼佼者"。

在与好朋友的对话中他的一句话引发了我的思考。他说只有名人才会有传记，只有名人或者说是成功的人才会有故事可以被写进传记。他们都是有故事的人。那么他们的成功是否也正是因为他们有故事呢？仔细思考之后，我发现这事完全说得通。很可能正是因为有着普通人没有的经历，发生过普通人没发生过的故事，才让他们有着别人所没有的思想和视野，才让他们最终获得成功。过去的我们已经无法改变，但是未来的一切还都是未知，现在展现在我们面前的是极其宽广的一个舞台。我们需要做的就是思考如何让自己未来的生活更有深度，让自己逐渐成为一个有故事的人。

人生阅历这种东西不是几个月可以速成的。路遥写出不朽的《平凡的世界》，用了许多年准备资料，体验生活，下煤矿，跑长途。陈忠实写《白鹿原》，走访了关中无数个乡村。不断地生活积淀才是进步的来源，这些积淀是读书，认识新的人，恋爱，旅行，访问云端的人。想要积累感悟，储备素材，需要不断地更加积极地参与生活，不断思考，不断选择，不断挑战。而选择的结果往往是不确定的，但正是这些未知，使得我们生活变得富有乐趣。深层次来讲，人的生命极度有限，在时间上，它只不过是苍茫历史长河中的一瞬间，在空间上，它只不过是广袤宇宙的一小点，就要打破人生的时空局限，延伸和拓展人的生命，使我们的生命融入历史和宇宙，唯有去突破。具体来讲我希望从以下几个方面来让自己的生活更加丰富有故事，这也是我从这门课程中得到的最大启示。

多旅行。如果不出去走走，就永远也无法知道这个世界有多宽广，多美丽。旅行是从一个旁观者的角度去看待别人的生活，他们的生活方式，他们习以为常的态度，从而得以反观自己的生活。从大一些的梦想来说，旅行是学会包容更多的生活，也学着从根源上去理解不同人的习俗和生活本质。旅行属于生活平衡的一部分，它给我们机会从日常的循环中暂时脱离，给心自由，再次用发现的眼光看待世界，用悲悯的心情体验生活，然后回去接着生活。旅途会不断打破之前对于其他地方的认识。当亲身去看，去了解，去体验，等到回来的时候思考旅行当中的各种事，可能会更深刻地认识自己的性格，看到自己的不足。

多读书。人们都说，脚步和心灵总要有一个在旅途上。读书可以说是让心灵去旅行。读书的用处，不在眼前，不在当下，而是像甘霖雨露滋润万物之后，万物所呈现的那种清新、生机勃勃的状态，是看不见和摸不着的。它是一种无形之用，是一种潜移默化，书籍中的知识融进我们的血液、精神、行动之中，悄悄地对我们的生活、环境发生作用，会在不知不觉中改变人生轨迹。

多思考。想到这里我突然想起了那个很著名的故事。物理学家卢瑟福有一次问他的学生："你今天上午准备做什么？"学生回答说做实验，又问下午做什么，回答还是做试验，再问明天做什么，回答依旧是做实验。卢瑟福生气地质问："那么你用什么时间思考呢？"也许我们都已经习惯于每天机械地重复在教室与寝室之间，重复着同样的事情。如果我们每天能够花一点时间来思考自己做每件事情的意义，带着目的去做，结果很可能会大有不同。

多与他人接触。如果只是永远生活在自己的世界中，那么不管多努力我们也注定只是浅薄的。与他人接触和交流，听取他人的思想和看法，与自己的进行比较，这样在不断的吸收与融合之中，我相信自己会慢慢丰富起来。

当我把这些自己的想法说给好朋友听的时候，他调侃道：说的倒是不错，看你能真正做到几点。朋友的嘲笑不无道理。我们总是拥有太多的愿望，到了真正实施的时候却难以执行。

生命的价值并不在于长度，而是在于深度。我希望可以凭借这学期传记体叙述研究课程的学习获得的这些感悟来让自己真正有所改变。我也会用上面讲到的那些时刻鞭策自己，激励自己。

大学校训与大学精神

女儿在高一暑期夏令营去美国各大名校参观回来后对我说:"妈妈,你知道美国不同大学所做的一件相同事情是什么吗?"我反问:"那些大学所做的相同的事情是什么呢?"她回答道:"就是都与追求真理有关。"我听到心中暗喜:这孩子还真有点儿本事,看出名堂了。我问道:"你是怎么发现的?"她说:"这能从各所大学的校训里看得出来呀。"

世界上很多名校都通过各种渠道,比如校训,高举"追求真理"的旗帜,宣扬他们的办学理念与传达他们的价值追求。这些校训对孩子们来说具有相当的感召力,孩子们对学校的选择近似挑选自己愿意与之建立亲密关系的人。校训是一种恒定的交流,名实如一的学府会通过自己的校训吸引到热爱其所宣扬的价值观的学子。如果真的能够提供给学子一种学到辨别事物真相的知识与能力,追求真理与自由的精神的环境,这样的大学必然会是世界有志之士向往的地方。

在女儿的提醒下,我仔细看了看一些表现大学追求与大学精神的校训,发现很多大学确实大吹知识与真理以及智慧与自由的劲风。先看看几所英国大学的校训:

剑桥大学(University of Cambridge):From here we receive light and sacred draughts.(此乃启蒙之所,知识之源。)

爱丁堡大学(University of Edinburgh):The learned can see twice.(智者能看到表象,也能发现内涵。)

约克大学(The University of York):On the Threshold of Wisdom.(智慧开启的地方。)

· 99 ·

兰卡斯特大学（Lancaster University）:Truth lies open to all.（真理向所有的人开放。）

再看几所北美大学的校训：

哈佛大学（Harvard University）: Let Plato be your friend, And Aristotle, but more let your friend be truth.（以柏拉图为友，以亚里士多德为友，更要以真理为友。）

加拿大皇后大学（Queen's University）: Wisdom and knowledge shall be the stability of the times.（智慧和知识是未来时代的稳定之基。）

斯坦福大学（Stanford University）: Let the wind of freedom blow.（让自由学术之风劲吹。）

耶鲁大学（Yale University）: Truth and light.（真理、光明。）

哥伦比亚大学（Columbia University）: In the light we shall see light.（在上帝的启示下我们寻找知识。）

加州大学伯克利分校（University of California, Berkeley）: Let there be light.（愿知识之光普照大地。）

芝加哥大学（Chicago University）: Let knowledge grow from more to more; and so be human life enriched.（让知识充实你的人生。）

这些大学用知识，真理，智慧与光明来吸引人们，让人们在此付出青春与时间来获得非物质财富，为他们的幸福与快乐人生奠定重要的基础，从而成为世界的栋梁之才。

还有一些大学的校训直接强调学习与学习方法的价值，如：

布里斯托大学（University of Bristol）的校训强调学习的力量：Learning promotes one's innate power.（学习可以提高一个人固有的能

力与力量。）

　　国内大学也有"求是"与"求真"的精神，我国知名学府之一浙江大学也处处留下了要追求真理的标记，浙大紫金港校区的校园中心的校园湖，就有一个反映浙大追求真理精神的名字"启真湖"。湖名取自浙江大学校歌中的"昔言求是实启尔求真"，也与浙大校训"求是创新"相辅相成。求是精神体现在浙大的各种机构与行为中，如以"求是"命名的社团与学园。大学课程设置与学术行为如何忠实于"求是"与"启真"精神，也是我们中国大学的希望与发展的力量。

"近亲"现象

最近有朋友观察到，某些知名艺人在培养接班人或选择助理时，喜欢用长得像自己的人。这些艺人会在娱乐节目中把助理当自己孩子对待，并经常以长辈自居。有时对助理或接班人亲昵爱护，有时则拿他取乐观众与来宾，总的来讲，就是为他出名接戏打下基础。这就形成了一种近似亲人般照顾与提拔的娱乐"近亲"现象。

从达尔文的进化论经验来看，这种近乎近亲联盟的模式不利于艺术的传承与创新，就像近亲结婚会给下一代带来很多问题一样。在人类历史上，最具创造力的人并不是因为长得像某人或做得像某人而有所成就的，他们有成就，因为他们是独一无二的。比如，爱因斯坦不同于牛顿，乔布斯也不同于任何人，同样，没有第二个迈克尔•杰克逊或奥巴马，他们最大的价值在于他们创造了与众不同的自己。他们忠于自己，相信自己，实现了自己的人生价值，从而成为人类最大的财富与推动人类进步的力量。

这给教育的启示是，教育首要培养学习者自己本身，要赋予他们自身特有的价值，这样，他们才能从彼此身上学到不同的东西，这样，一加一才能大于二。我国教育家孔子主张教育要培养君子，用现代话语来理解就是教育要发展学生身份认同，是让学生成为像君子一样的人。

我现在更加理解英国巴斯大学教授 Andy Stables 的教育哲学了。教育的价值在于创造不同。学习者接受教育前后会有认识与知识层面的不同。美国教育心理学家杰罗姆•布鲁纳（Jerome Bruner，1915- ）的教育文化学理论认为，文化之间的不同是人们进行是人们进行文化交流交换的意义，如果人与人的价值或文化之间的价值相同的话，交换与交流就失去意义，比如你有 A，他有的也是 A，交流与交换之后彼此拥有的仍然是 A。这些文化价值的不同就成了人们相互学习的资源。而教育界如何运用这些资源是相当值得研究的。现在各高校都鼓励学生们到海外大学进行交流交换，这就是他们学习不同的文化资源与发展他们国际视野的办法。

论 "怀旧" 情绪

　　最近，周围的一些声音和符号表现出一种 "怀旧" 的情绪。比如 "外婆家" 与 "公社食堂" 等餐馆就是利用人们的 "怀旧与乡愁" 情感来经营的文化现象。当社会或个人在经历急剧变化时，总是会依赖过去的经验来理解新的环境与生活。而当新的事物与过去熟悉的经历反差较大时，在对新事物有所把握之前，会更加 "怀旧"。歌曲 *Country road takes me home* 和 "童年" 等分别反映了美国与台湾等地区快速变化中人们的 "怀旧" 情绪。这种 "怀旧" 情绪也表明，我们的社会确实在发生着剧烈的变化，人们迫切需要适应新的时代与新的生活方式。

第 6 章

对孩子，有无限的耐心

　　大自然希望儿童在成人以前就要像儿童的样子。如果我们打乱了这个次序，我们就会造成一些早熟的果实，它们长得既不丰满也不甜美，而且很快就会腐烂：我们将造成一些年纪轻轻的博士和老态龙钟的儿童。儿童是有他特有的看法、想法和感情的；如果想用我们的看法、想法和感情去代替他们的看法、想法和感情，那简直是最愚蠢的事情。

——卢梭

教师权威

2012 年春夏学期最难忘的一次课堂经历发生在我的"社会科学与文化权势"课程中。课程刚开始时，学生们带着惯有的严肃与矜持来到课堂上，发言与参与讨论都很放不开，没有安全感。

为了打开局面，课堂上我请一位同学用手机把大家严肃认真的表情拍了一张照，让大家看看自己上课时的样子。看到自己拘束的样子颇为滑稽，大家都笑了起来，课堂发言与讨论轻松了许多。在期末报告自己的研究论文时，讲台成了学生们自己的舞台，学生们在上面轻言细语，娓娓道来，讲述着自己的研究想法（idea）与例证情况。我与他们一起仔细聆听，然后给予评论，提出问题，帮助明确焦点。同学们相互欣赏是良好的学习基础。

过去常想，是什么力量让我们年轻的学生紧闭双唇，保持缄默，在自己的教室里都没有发言的安全感？怎样可以让他们打开心扉，展开笑脸，愿意掌控自己的学习空间？

我发现教师权威（teacher authority）可能是教育空间里压抑学生思考与表达的重要因素之一。这不是可以用简单的教育方法与教学技术来概括的问题，而是一个文化现象在教育中的表现。传统文化中老师被赋予很大的权力，这种教师权威通常与父母权力一样大。我国自古就有"一日为师，终身为父"的传统观念。传统社会的宗族制度中，家长权力高于孩子权力。在教室里，教师权力大于学生权力。

习惯了在这样的教学环境里学习的学生，会如同患上斯德哥尔摩综合症，一旦到开放平等的学习空间，如国外，开始时不知如何是好。因为，那需要学生成为教学的中心，需要他们主动参与讨论，提出问题，表达想法等。这样的教学是以他们已有的认识与真实经历为基础。我们的学生往往需要相当长的一段时间来习惯这样的教学关系。

这需要我们认识到，传统的教师权威在现代的教育空间里，在教室里，可能会抑制学生的学习。学生害怕老师，导致他们在老师面前不敢说出自己的真实想法；他们以为教师说的都是对的；老师给的解释就是标准答案，不得质疑等。想要消除这种不健康的教育现象，我们的教育改革首先要建立一种新型平等互动的师生关系，在这种关系中，要认识到传统文化给予教师的权威地位对于现代化的教育而言，可能会成为阻碍教育良性发展的一个重要问题。教师教学与学生学习是共同进行的一项教育活动，并非教师单方面能做得到的事情。所以，教育教学评估中，用学生考试成绩结果作为评价老师教学效果，作为奖惩教师工作的唯一标准是很不科学的评价手段。

教室文化的改进需要教师以平常心来工作，与学生建立良好的人际沟通关系。在这样的关系中，教师的角色是引导学生学习，而不是把知识灌输给学生。尤其需要注意的是，教师与其他行业一样，是一份普通的工作，任何一个国家都不能也不应该指望通过教学比赛来推动教学进步，只能通过正确的政策来协调各种教育关系。在教育水平发达的欧美地区的现实都证实良好政策制度的重要性。

教师作为国家教育界重要的工作力量，与其他行业从业人员一样，要靠专业素质与教育能力来建立权威地位，这样的权威地位难以被反智主义者颠覆，也能够自如应对教育教学困难。

教师的工作

寒假教育硕士课程中，连续上4天教师培训课。学员是中小学英语老师。我的教学安排是每天一个主题。第一天是认识我们的教育体制问题；第二天是教育文化与学生创造力的关系，约束创造力的文化因素。第三天是"玩"这个概念是否因文化不同而意义不同；最后一天是案例分析如何解决一个教育问题。

第一天开始，我提出了在中国教育体制下，我们的教师需要反思的几个问题：

1. 你的教育理想是什么？

2. 你在教育中扮演了什么角色？

3. 你教了什么，使学生受到了什么影响？

通过思考这些问题，能初步帮助我们这些在基础教育阶段任教的学员重新认识自己的工作，建立新的教育理念。通过这些反思，教师与家长们需要明确认识到"真正有效的学习不是教出来的，而是学生自己学来的"。帮助学生学习，建立与学生的积极沟通关系，才是教学的主要工作。教师的工作本身是为了让学生受到影响，辅助学生学习，让学生通过受教育达到自由、自信的状态，让学生承担学习责任。

在本次寒假课程中，我还特意安排了理解教育中"玩"的概念。理解"玩"在中小学教育中尤其重要。对于在小学与初中阶段的孩子的学习，老师如果不懂得"玩"在学习中的重要性，教学过程中很难促进孩子们有意义的学习。如何定义教育环境里的"玩"并不容易，不同的文化有不同理解。我们比较了中国大陆、中国台湾、丹麦、印度等地学校里的"玩"。台湾地区小学的"玩耍"时间里有竞赛活动，印度小学里的"玩"的活动就是几百名孩子聚集在一起观看电子技术方面的信息。中国大陆地区的老师则认为——只要不是正式学习时间就是"玩"。丹麦孩子的"玩"是有自己的空间，教师们在"玩"的时候基本不管，孩子真的"玩"自己的。丹麦儿童教育从"人"出发，阶段重点明确，从适应能力和社群能力开始，培养重心逐渐转移。而这两种能力的习得多可从"玩耍"中习得，没有老师们目的明确的干涉，孩子们更能放开身心。

我对中国大陆老师们的关于学校里孩子们"玩"的认识很感兴趣。老师们认为"玩"就是不学习，那么反过来说，就是认为学习里是不能有"玩"的，这是我国大陆地区中小学的教育的极大误区。如果小孩的学习里没有"玩"的话，这样可能孩子没有真的学习，"玩"不仅是不能不被满足的天性，也在相当程度上可以达到事半功倍的活动的效果。

教师发展要是能认识到"玩"在孩子们学习中的重要性，在适当的学习活动中加入"玩"的成分，孩子往往获得的将不仅是知识本身，他们对知识本身的认知和感受也将大大改观。讨论这个问题需要建立在正确认识什么是学习的基础上。所以教师教育培训的基本内容便是要重构孩子们如何学习的观念。

情商与儿童教育

多元智能学说（Multiple Intelligence）是哈佛大学教育心理学家霍华德·加德纳（Howard Gardener，1943- ）在20世纪80年代提出的教育心理理论，后来他又对此理论做了进一步拓展。这对揭示智力全貌和本质，以及拓展有关传统智商（Intelligence Quotient: IQ）的狭隘定义做出了极大贡献。

他认为每个人都拥有多种智能：语言智能、逻辑—数理智能、空间智能、运动智能、音乐智能、人际交往智能、内省智能、自然观察智能。

这个多元智能理论对人们认识非传统智力，即情感智能有很大的帮助。其中几种智能元素包括了情感智能因素，比如：人际交往智能、内省智能、自然观察力就是非传统智力的重要元素，是形成情商（Emotion Quotient: EQ）理论以及认识创造力的重要基础。加德纳和其他学者都认为情感智能是影响人的一生成就的主要智能因素，情商是创造力的基础。人们对情商的认知为教育领域发展人才的潜能起到了非常大的改变。尤其对儿童创造力发展与开拓基础教育起了很大作用。

早期儿童教育近年来开始在国内受到高度重视。由于早期教育是每个人人生的第一步，在此阶段所受到的教育将会影响这个人及整个社会的未来。然而多年来，许多学前教育机构所组织的教育主要以发展儿童传统智力为主，即以智商为主，以发展儿童算数与识字和读写能力为中心的教育教学模式。这样的教育教学传统不能兼顾儿童"非传统智力"情感等多元智能的发展，即情商的发展，比如注意力、观察力、想象力、思维力等非传统智力因素之外的一切心理情感因素，具体包括动机、兴趣、好奇心、情感、意志、性格等，这些非传统多元智力因素都是直接影响和制约传统智力因素发展的意向性因素。

虽然多元智能已在学前儿童教育中得到广泛应用，包括对幼儿园课程发展以及教学评价都有很大的改变。但目前我国对儿童多元智能本身的研究却是极其稀少的。自然观察力中，对新事物的关注力，即好奇心，被认为是创造力的重要基础元素之一。好奇心与其他情感智能因素如人际交往能力等，如何表现在学前儿童的日常行为中的具体研究还不多。

可持续开放学习心态

在一次为促进教师发展的活动发言中，我讲到了儿童创造力开发研究。基于科学研究，我们发现观察力与沟通动机有密切的关系。孩子的创造力表现之一是观察力，观察力的基础是好奇心，好奇心与沟通动力密切相关。其后我谈到了儿童观察力是如何受到其父母和教师沟通影响的。最后我还强调了开放心态在教师学习中的重要性。这里我就不过多使用数据，而是以一则逸事来比喻。

为了让老师们了解开放心灵是学习与进步的基础，也是人们学习新知识，创造新文化，产生新思想的前提。我仅以两个例子表明封闭自身会带来的严重结果。

一是我国清朝末期闭关自守的社会意识形态。在 19 世纪初到 20 世纪初这 100 多年的时间里，全球其他很多国家都经历了工业革命之后蓬勃兴起，继而发展现代科学与文明，然而那时在封建锁国政策下的中国人呢？男人还留着长辫，女人还裹着小脚。科技之落后与人们的愚昧程度，从鲁迅先生的小说里可以窥见一二。如《药》里描述的茶馆主人华老栓用人血馒头为儿子华小栓医病的故事。鲁迅其他小说也多次提及类似的愚昧现象。

第二个例子是发生在新中国时期的"文化大革命"。相信大家对这十年浩劫造成的损失仍然心有余悸。文革十年对有良知的知识分子的迫害，革掉能发展自己经济与文化的人们的命，这种无知让国家在新中国成立初的二三十年里经济落后，文化知识无法正常发展。并且导致了今天弥漫于整个国家的反智主义风气。

这两例子可以说明一个国家自我封闭造成的落后与愚昧。同样，一个人，不开放心态，不观察他者与自己的话，就无法学习进步，也就无法有创造力。

讲座结束后，负责的领导让参加此次活动的老师们谈一谈感想与心得。其中一个老师就我谈到的两个例子发言说道：历史上的封闭锁国是有反复性的，比如，清末封闭锁国政策在新中国又发生了。那么教师学习中，如何可以保持可持续的开放心态来学习与工作，使自己不再重蹈心灵封闭与拒绝学习的状态呢？这可以算一位很会学习的老师，为同行们提出了一个很好的问题。

培养判断能力

随着教育阅历的增加，现在我的教学策略越来越致力于学生能力的发展。判断力是我认为学生应该锻炼的主要能力之一。判断力是创造力的主要组成部分。学生们有了自己的判断力，就能减少盲从与被误导的可能性，也就能分辨是非，对错与好坏，从而建立起自己的价值标准。

培养判断力也是加强自信的重要途径之一。曾读过一本让我难忘的书，是一位教育学者 Alan Raid 关于地理认识的博士论文。论文的前奏是这样写的："什么是地理？你认为什么是地理，什么就是地理。"后来，他成了教育与可持续发展领域的重要学者。有一次，有幸参加过一次他主持的讨论会议，在总结时他说了一句让人无法忘记的话："在学者相互批判中，我们都有问题。"在学界，学者遭受质疑与提问是常见的事。像他那样的学者就不会在指责他人时声称"我没问题，你的问题才不小"，而是让大家都各自想想，认识到自己的问题所在。

作为教育学者，他不是简单地灌输知识与妄加判断，而是搭建一个让学生能够自己作出判断的平台，就如认识"什么是地理"这样的问题一样。他没有直接告诉学生，而是让学生自己思考，得出自己的认识。让学生发展出自己的认识而非永远都在背诵"什么是地理"。

确实，判断力是个不好把握的对象，执行起来多少受情绪影响。就像《北京人在纽约》的引言一样："如果你爱她，带她去纽约，因为那里是天堂；如果你恨她，带她去纽约，因为那里是地狱。"相信很多人都熟悉这句话，我也曾多次引用。同一个地方，同一个人看来，在爱与恨的不同心情下，就有天堂与地狱的天壤之别。

还好，不论爱与恨都还是有感情的，都还想着要带她去纽约，还没到冷漠无情的地步。这里我就不多说这引言其中蕴含的男女性别与平等话题。我想提醒人们的是，我们要做出负责任的判断，同时留给他人自己判断的空间。

尤其是教育工作中，只有我们在学校教育中考虑到了学生的判断力发展，学生才会在未来的工作中做出相对正确的决策。如果我们在教育学生认识事物 A 时，加上对 A 的判断，直接说 A 是什么，是好是坏的话，这是很容易操作的教育行为，这就是我们常说的"灌输"性质的教学，而且很多人也是这么教的。但如果教师引导学生，让学生自己通过探究来发现 A 是什么，并做出自己的判断，那我们的教学就会变得有所不同。在大学这样的环境里（中小学也一样），我们的教育工作就是发展学生自己对 A 的认识，做出对 A 的判断，用他们自己的眼睛来看世界。教育教学从某种角度来说就是帮助学生尽可能的摈弃成见与陈言，擦亮眼睛，看清世界，这样他们才有可能发现认识真理（当然不是看破红尘）。

正值高中毕业生选择大学的时候，高考生多收集意见与信息，与家长平等商量而非盲从，认真履行自己的判断力，是对人生做出最好选择的开始。

第 7 章

观海听涛

　　写作不是用白发而是用识见；写作如春蚕吐丝，呕心沥血。总的来说，一个作家的风格是他的内心生活的准确标志。作家的风格应该是他内心生活的准确标志。一个人若想写出明白的风格，他首先就要心里明白；若想写出雄伟的风格，他首先就要有雄伟的人格。

——歌德

英语写作中思维模式的文化差异

外语学习需要走出"瓶颈"进入新的阶段，才能达到外语教育的目的。外语，尤其是英语篇章写作教学的"瓶颈"状态，具体表现在教与学都局限在操纵词法、句法与应考学习的思维机理中，认为篇章写作靠熟读或背诵优美词句就可以模仿出优秀英语文章。学界对这些问题已有相当的认识，相关的研究也不少。外语写作发展出路与进阶变化都需要视角变化与思考深度，视角丰富可以帮助我们看到"瓶颈"以外的外语写作发展空间，

外语教育是国家进一步参与经济文化全球化、跨越文化差异、搭建国际共识与提高国家国际地位的重要战略手段。

通过外语教育实现学生跨文化思维能力，帮助学生通过学习文化差异以超越文化局限，补给发展传统汉语文化的原动力，是我们教育界为国家培养具有国际合作与国际领导能力人才的主要路径，这也是外语教育的主要目的之一。

然而，外语教育离实现这个目的还有很大发展空间。发展学生跨文化思考能力需要认识到思维的文化差异。

思维的文化性，即思维模式因文化而不同并直接影响言语结构。这在外语写作中已有广泛论证与研究。美国应用语言学家罗伯特·卡普兰（Robert B. Kaplan）在上个世纪六十年代，提出对比语篇概念，在此基础上建立了外语写作语篇中思维模式的文化差异理论。

卡普兰通过大量研究分析来自不同文化的国际学生用英语作为外语写作的文章，比较这些学生作者的思维在语篇中的表现形式，发现他们的思维在这些英语语篇中由于受不同母语文化影响而呈现出不同的模式，这些模式与英语为母语的英语篇章常用的思维模式有很大的差异，形成鲜明的对比。卡

普兰论证了英语篇章的主要思维系统受益格鲁—欧洲文化体系的影响，表现为柏拉图—亚里士多德理性逻辑思维模式。后来经西方历代主流思想家的运用发展，英语语篇思维逻辑主要呈现为直线形。以英语文章的一个段落为例，作者一开始就明晰地陈述段落主题。这个主题受到系列要点直接支撑，同时每个要点都有具体例证支持。这个段落的主题要点与其他段落的主题要点相互作用，一起说明一个问题或论证演绎一个作者用来与读者交流的观点，该观点构成整篇文章的中心主题，并成为与读者沟通的核心内容，反之亦然。

英语读者在任何正式沟通与交流中都期待这种思维逻辑。与这种呈直线与清晰的演绎或归纳理性思维逻辑形成对比，卡普兰发现来自不同文化的学生，比如来自亚洲的中国与韩国学生，用英语写作时，他们写出的篇章常常缺乏这种直线形思维模式，而表现出一种他称为"非直接"的螺旋形的思维特点。卡普兰总结出这种思维特点在英语语篇中表现为学生作者写作时不是直接进入主题，而是围绕所写的核心问题兜圈子。比如，他们在写 A 时，不直接回应什么是 A，而是通过什么不是 A 的方式来着手的。这种思维方式写出的文章，对英语为母语读者来说就显得难以接受，这种"非直接"或"绕圈子"方式在英语写作中很不必要，因为他们认为这种语篇思维不利于与读者的直接沟通。思维模式的文化差异在近半个世纪以来，在应用语言学研究形成了重要研究领域。

外语写作中思维模式的文化差异理论在应用语言学中有着广泛应用。通过外语写作中思维模式的文化差异视角，我们可以清晰地看到外语写作学习由于受写作学习者母语文化思维影响，尤其是在语篇分析与查证影响干扰外语写作的因素研究下，利用不同文化的思维差异对拓展与进一步提升外语教学实践，超越现有的思维局限有很大的启发。

有一份关于在美国学习的中国学生的中英文写作认知的调查，发现中国学生的英文写作受传统的中文写作影响很大。学生在英文写作中非常注重表现所谓的"文采"，即经典词句的运用，而不注重发展主体思想或作者观点。调查者指出：在中国从小学到大学的英语学习课程指导思想，一直没有脱离背诵词汇与应付考试的学习文化心理制约。尤其当学生掌握了相当的词汇与句法知识后，即便是在大学外语学习阶段，外语教学往往还滞留在不断重复词法与句法的思维机理中。这样的教学文化心理导致英语写作教学中缺乏对学生思想观点的培育发展。学习母语的思维习惯使很多学生认为，只要通过熟读或背诵优美词句就可以模仿写出优秀的英语文章。而学生思维的发展始终没有被摆在课堂教学的中心。这又与学生英文写作严重缺乏作者观点或主题思想互相施加影响，使有意培养学生表达观点的教师也一再受挫。

在文化差异视角下，学者桂林通过中国大学生近十多年来的英语作文的研究也支持了以上的理论，发现被研究的这些大学生所写英语文章中有一个共同问题，就是中国学生所写的英语文章缺乏构成英语语篇所需的重要内容——对作者自我身份的认同，即学生作者自我身份的缺失。这种缺失主要表现在两个方面：第一，在这些学生英语文章中，学生作者缺乏个人思想观点；第二，学生作者通常用集体代词"我们"来代替个体学生作者"我"。

如果我们进而分析了产生这种语篇现象的社会文化根源就发现：就我国社会环境而言，外语教育是实现国家现代化的重要手段，英语是从小学三年级到大学二年级全国性的必修课程，这种体制性的要求是学生学英语的外在动力。而当学生个体学习的内在动力发展不足时，他们的个体声音就受到压抑，个人观点就无力表现，文章就缺乏个性思想。就文化根源而言，我国传统文化就以集体为特点与西方的个体文化特征形成鲜明对比。人们的个体身份是潜在于所在的共同集体的身份中。本人也通过调查发现，大学低年级学生在英文写作学习中，很多学生虽然在字、词、句上没有实质困难，但在进行篇章写作时还不知道作者观点为何物，缺乏作者思想观点形成的思维推理过程。而文章主题或作者观点及其逻辑推演步骤才是英文语篇具备阅读吸引力的本质。

思维模式的文化差异视角为我们进一步发展外语教与学，特别在提升英语写作教学方面，找到新的发展空间提供了理论依据。因此，在学生掌握大量词汇与句法基础上，尤其是在大学学习阶段，外语写作的发展空间应该回归到以发展作者观点，提炼文章主题及其逻辑推演为主的思维能力上。

利用思维模式文化差异视角，让我们知道了以下两点：

1. 我国外语写作中学生作者观点或推演主题思想思维结构的缺失实际上是一个文化问题在外语习得中的表现。具体表现为学生在以集体文化著称的母语文化传统下学习外语，尤其是学生学习英语篇章写作时，构成英语篇章的作者观点的文化基础却是个体文化。其特征表现为对个人身份认同的强调。这种文化上的差异是造成学生写作中作者观点与身份认同缺失的重要原因。

2. 要解决这个表现在应用语言学中的文化问题必须从文化介入着手，针对这个缺失的弥补对策应该是个体文化要素的介入，即培养学生的独立思考与观察能力。能对学习者直接产生作用的方式很多，如通过写作教学进行个体文化要素介入的方式可以帮助学生建构作者个人身份认同以及作者观点。

外语写作中作者身份认同的
意识形态问题

　　英国语言学家罗兹·伊万尼奇（Roz Ivanic）认为当今的学术英语写作，从不同程度，反映写作者一定的经历，兴趣与信念以及意识形态，即写作者不可避免地在写作中适当呈现"自我"（self–representation）或不同程度地表现作者身份认同（writer identity），这是为了满足写作作为沟通的需要。她在实证研究基础上，提出了一个由三个要素构成的英语写作者身份认同机制。这三个要素分别是：

　　1."自传要素"（auto–biographical self），写作中作者通过适当提及自己的人生经历来表明自己的背景如何影响所写内容，表现作者如何对所写内容感兴趣，为读者留下所写文本的原创痕迹。比如，作者在其写作中适当透视自己的价值观，信念及其所处社会地位与文化环境等如何对其文本特征产生影响。

　　2."语篇的组织者要素"（discoursal self），即作者在特定语篇中有意或无意表现出的作者自己如何安排篇章结构，以揭示文本的进展过程等。

　　3."著者要素"（self as author），即作者如何看待与承担自己写作内容的重要贡献。不同的作者不同程度地发出自己的声音与独到的见解，承担写作主体责任，建立文本的原创效应等。作者如何声称自己所写内容的权威性或如何凸显作品对知识领域的贡献是作者身份认同的很重要方面，这在学术写作中尤其如此。

　　罗兹·伊万尼奇建立的英语写作中作者身份认同机制的三个方面，虽然在不同写作领域中的表现程度强弱各有不同。但是，所有写作中，这三个方面都在写作实践中互相渗透。

这为研究英语为外语写作者身份认同提供了重要的理论视角。英语为外语写作中，写作者不愿提及自我，或不知道如何在英语写作中适当呈现作者声音等，都会导致作者身份认同不明或缺失，从而导致沟通出现误解的可能。如果，作者不愿或不能在目标语中实现身份认同的现象，会影响写作者的语言选择，从而造成其所写文章缺乏原创效应。这个问题通常集中反映在对第一人称代词，尤其是"我"（I）与"我们"（we）的语用情况与语言选择（linguistic choice）上。

比如，南非学者 Bus Ayoige 通过研究南非大学生以英语作为外语所写作的论文并访谈其作者发现，这些南非本土学生在自己的课程学习与论文写作中通过选择使用复数人称代词"we"来建构本土学生的群体身份认同，而不愿意表现作者自我身份认同。

具体语用情况为：这些写作者有意用"we"取代"I"来呈现作者身份；在表述自己学习经历时，惯用复数代词"we"、"us"以及"our"等人称代词来覆盖需用单数第一人称代词"I"、"me"或"my"的地方。这个研究发现这些学生在目标语论文中有意通过第一人称代词的选择来建构集体身份认同，避免作者自我身份认同，他的研究发现这些大学生有群体性表达"抵制"（resist）英语语言及其语言规则的语用态度。南非的种族政治意识形态无疑影响了南非土著人对英语的态度。因此，Bus Ayoige 提出，南非教育界需要认识政治与种族意识形态如何影响其英语学习，让英语教育达到其应有的教育效果。

新西兰的 Chek Kim Loi 和 Moyra Sweetnam Evans 两位学者，对华人学者与英语母语写作者在英语学术期刊上所发表论文语篇中的开篇部分进行了对比研究，发现前者与英语为母语作者的文章相比，英语篇章写作几乎都不愿采取批判性视角，文本话语非常含蓄，对自己研究的内容缺乏明确与具体的价值认可等现象，这也揭示了母语文化里的自我身份认同方式对目标语篇章写作的影响。

香港大学教授肯·海兰（Ken Hyland）对香港大学生的英语论文写作

进行了研究，也发现他们在写作中对第一人称单数代词"I"进行有意规避。Hyland 认为这是造成他们研究成果缺乏原创基础与权威效应的重要原因。他的分析表明，香港学生写作者在目标语写作中，第一人称单数代词"I"（单数作者）的使用频率与"we"（复数作者）相比明显走低，这些看似简单的人称代词问题，其实是有着深刻的文化意识形态背景的。它不仅反映出在语言选择上写作者不愿意接受英语中第一人称单数代词所映射的作者权威，也违背了英语写作中作者需要通过承担主体责任来建立权威的写作机制。

因此，学者们都认识到，外语写作者的母语文化意识形态对其外语写作沟通有着深刻影响。外语教学中，如何超越这些母语文化意识形态，认同新的意识形态，并学会用其语言来表达与沟通，达到跨文化交流的目的，是一个重要的外语教育理念。

出国留学

教育全球化已成为无须争议的事实趋势。近年来我国出国留学人数不断上升，2013 年出国留学人数超过 45 万人次，是世界上出国留学人数最多的国家，即使与庞大的人口基数进行比对得出的数据也十分惊人。

留学的初衷无疑是为了开阔眼界，获取相对不同的教育。不难看出我国出国留学的学生年龄日趋偏低，中小学生出国学习人数越来越多。一方面留学人数不断上升，另一方面求学经历并不都是一帆风顺。学生在海外就学质量与成长经历日渐引起人们的关注。

学生离开自己熟悉的家人、体制与环境，进入一个全新的文化环境，重新建立人际关系与去熟悉新的教育体系，这对学生本人来说是个不小的冲击。当然这种"自找"的冲击中，既有学子们开拓更好的人生前景的意图，又有想得到优质教育机遇的良好愿景。有人在新的环境中学会生存，达到了预期的效果，有的学子则缺乏准备，难以适应或者在充分准备的前提下依然无法适应。这些"跨文化适应"（cultural adaptation）的问题已经受到了广泛关注。

国内教育费用（学费、杂费等不断减免）与海外留学费用相比近乎是免费的情况下，大量学生仍然选择出国留学，尤其是中小学时期就出国留学的学生，大学前将投入数百万元人民币的资金，与金钱相比更为重要的是他们人生中极为宝贵的青少年时代也将在一个全新的文化环境中度过。因此，确保留学正面经历与获得更积极的职业能量是每个家长、学子与留学从业人员的共同愿景。现在对出国留学生的培训，基本以通过语言考试为主。经过高强度的训练，学生几乎都可以达到出国要求的语言考试分数，但对目标地的生活文化、人际以及课程设置等方面则严重缺乏了解与认识，在目标地学习过程中也会遭遇到无法预料的困难而造成学业的困境。孩子所直面经历的层出不穷的问题往往使家长无法预知与理解。

因此，对此领域的研究与开发不仅有很大的市场价值，还具备学术研究价值。学界与市场机构对留学人员对在目标地学习情况研究不少，但多数研究是关于已进入大学学习的大学生群体，对中小学生留学情况几乎没有触及。希望出现专业机构对此低龄留学群体的学习经历有深入研究，为我们的家长们选择送孩子海外留学提供一些实际的帮助与指导。

当前加入出国留学热潮的还有高校在读学生，包括不少已经考入我国富有盛誉的高等学府的学子们。以常理说，考入国内名牌大学是值得引以为豪的事，但这些学生却愿意继续考雅思与托福，重新申请或转入一所不起眼，或排名并不高的英美地区的大学学习，这意味着背井离乡，缴纳昂贵的学费，但孩子们却依然勇往直前。这也从另一个角度说明，教育选择的全球化时代已到来。

我们可以想象，如果经济全球化在日后带来全球学费近乎相同的条件后，学生与家长们的教育选择会有什么变化？这些又会对我国教育发展有什么启示？

教育机构合作共享优质
教育资源的未来

　　大学与中小学合作共建是近年来全球教育发展的主要内容之一。这种合作共建的理念主要基于借助大学专业领域的研究成果与思想智库，利用广泛的国际国内优质教育资源来服务社会，建立大学与中小学创造性合作伙伴关系，以提升与推动地方教育的可持续发展。

　　这种大学—中小学合作共建，共享大学科研知识以发展基础教育模式具有良好初衷。共建主要表现为大学与中小学合作：提供中小学教师的职业继续教育；将大学科研成果转化到中小学教学与学生学习的实践中；大学教育教学机构与中小学合作研究学校发展等项目。

　　本人曾经研究过大学如何转化学术研究成果和充分利用其国内国际资源促进推动地方教育自身发展。发现这种高等教育与初等教育机构合作的模式，为进一步开拓地方学校教育视野，提升教育质量，对本土教育教学改革发展找到途径很有帮助。

　　高校的教育教学研究成果即知识，是推动中小学发展的重要力量。这些科研知识通过大学与中小学合作共建的渠道，可以有效转化成基础教育的重要生产力与改革力量。这些力量具体以下列方式在中小学教育发展中发挥作用：

　　　　通过教师培训课程，与高校教师到中小学指导，以理论视角帮助中小学教师们分析他们教学实践中的问题，以获得发现与解决问题的能力；

　　　　与高校教师不断接触与交流中，习得研究与分析课堂教学实践与社会环境关系的方法；

通过高校的国际资源，接受国际教育资源的影响，并触动教师反思本土教育教学文化先进性与落后的方面，推动发展与变革教育教学思路的行动。

因此，我们的教育发展需要充分利用社会资源和大学资源，扩大优质教育资源的辐射面，让更多教师与学生共享优质教育，推进基础教育均衡发展，促进区域教育水平的整体提升。

孔子学院文化影响力杠杆效应分析

孔子学院是我国为了推广汉语教学和传播中国文化而设立的教育与文化交流的非营利性机构。在中国经济强势崛起时，用文化产生一种杠杆效应来平衡中国对全球的经济与文化影响力，满足世界因中国经济在全球的发展而产生的对中国文化的需求。

这个效应主要表现为：孔子学院在中国从输出"中国制造"的工业产品到用中国文字与文化影响世界的发展中，起着举足轻重的作用。孔子学院在全球语言格局变化中起着特殊作用，产生一种杠杆效应，这主要体现在以下几个方面：

第一，孔子学院在中国从输出"中国制造"的工业产品，到用中国文化影响世界的过程中，产生一种平衡效应，即中国在国际平台上凸显经济实力同时，需要发展相应的文化实力，产生一种综合实力，才能提升中国的国际地位与国际威望。海外通过使用"中国制造"的工业产品而逐渐接触和认识中国的存在，感受到中国经济的崛起。但北京大学文化学家王岳川指出，与中国经济在世界上的影响力相匹配的文化魅力和影响力亟待拓展。他说："假如我们的文化仍旧绵软无力，后果将会很严重。"

随着孔子学院的迅速发展，孔子学院汉语课堂与文化交流活动，拓展了海外人民认识中国的新的渠道，如学汉语，听有关中国文化讲座，参加中国节庆活动，艺术展等。多数孔子学院还根据当地居民需要设有商贸汉语课或以商贸为特点的孔子学院，如伦敦商学院与清华大学合办的伦敦商务孔子学院，介绍商贸法律等非物质文化方面的风俗习惯等常识。根据报道，仅2010年，孔子学院和课堂在世界各地注册学员达36万人，总数比前一年增加13

万人；全年开设 16000 个班次，举办各类文化活动 8000 场次，参加人数 500 多万人。这些语言文化课程与活动在当地人民中产生了不同的影响效应。现在，孔子学院在全球有 85 万多名学员。

第二，中国从单向"拿来"西方语言文化，到主动用东方的中国语言文化影响海外文化的格局变化中，孔子学院的发展起着重要作用。孔子学院的出现使我国改变了从英语语言文化单向"拿来"的局面，发展到用汉语语言文化走入英语语言文化的国家去影响他们，起到了扭转逆差与缩小差距的作用。改革开放以来，中国一直处于"外语热"，尤其是"英语热"中。例如，英语是我国从小学到大学的课程体系中的核心课程之一。英语也是中外国际交往中的主要语言。中国人也通过出国留学、交换生等方式出国学习外语，尤其是英语，学习先进技术。与外国人学汉语的情况形成了极大的落差。英语文化书籍，各种外语文化资料也大量进入中国。王岳川指出我国在中西方文化交流中一直是"单向透支的"，已出现了巨大的文化赤字。他说："在第九届北京国际图书博览会上，国内出版社输出和引进版权的比例大约是 1∶8。在第 54 届书展 20 余万平方米的展出面积中，中国图书只占 786 平方米，不足 0.4%；参展的 34 万种图书中，国内图书只有 4610 种，仅占 1.37%。"他继续指出，进入 21 世纪以来，情况也没有任何改观。除了文化交流的逆差，许多外文出版社翻译过来西方的东西，大大多于翻译输出的中国作品，更有这种文化交流的落差。

这种局面直到孔子学院的设立才开始发生明显转机，即外国中小学校、大学以及社会也开始在较大范围内学习汉语与接触中国文化。学汉语的人数急剧上升。根据不完全统计，全球现在 120 个国家和地区超过 3000 多所大学在教授中文，还有很多中小学也开设汉语课程，学习汉语的外国学生达 80 多万人。汉语文化等也开始继"中国制造"的工业产品而输出。随着孔子学院的高速发展和学汉语人数的急剧上升，以上所描述的中西文化交流中出现的落差都趋于平衡的变化。这无疑要提升对汉语教材及中国文化产品的需要。孔子学院总部总干事，国家汉语国际推广领导小组办公室主任许琳在部署孔子学院的工作中特别强调要加大多语种教材开发和推广力度，比如出齐 45 个语种的《汉语 900 句》等 9 套精品教材和工具书；支持各国孔子学院编写本土教材，目前孔子学院已正式出版各种对外汉语教材；总部还组织各出版社参加法兰克福书展等国际书展，为各国孔子学院统一配送教材图书。这都大大增加了文化资料的输出量。

不过，要设计出适合各国文化实际需求和真正做到因材施教的教学材料还不是一件容易的事。汉语以难学著称，如何降低汉语学习的门槛，教师素质与教材建设是一个关键问题。据统计：2010 年有 1000 多种对外汉语教材，但方便外国人学习的并不多，教材中间有很多不易理解的内容，教材的编排方式也不合乎他们的接受习惯。例如，许多对外汉语教材中都有愚公移山的故事，按照外国人的思维，愚公的做法就有点不可思议，他们大多数人认为完全可以搬个家解决问题。

因此，当中外文化交流在数量上向平衡方向发展时，质量问题也不可忽视，文化影响交流质量，即我们在向海外人民介绍中国文化时，要充分考虑他们的文化与思维方式，用他们可接受的方式进行教学与交流，以满足他们对中国文化的好奇心和求知欲。这样中国文化才能在世界文化格局中发挥积极作用，促进世界文化多元发展。

第三，孔子学院对中国文化的推广有助于改善世界对"中国威胁"的担忧，起到让世界人民了解中国的和谐和平发展的民族精神，改变西方对中国形象极端理想化或妖魔化的认识。《孔子学院章程》总则规定：孔子学院致力于适应世界各国（地区）人民对汉语学习的需要，增进世界各国（地区）人民对中国语言文化的了解，加强中国与世界各国教育文化交流合作，发展中国与外国的友好关系，促进世界多元文化发展，构建和谐世界。

国家汉办希望通过孔子学院让世界人民能了解真正的中国。中国对外汉语教学与文化共享机构之所以用我国传统文化中很有影响力的孔子来命名，目的是为了与世界共享中国的文化遗产，比如儒家文化中"仁爱，信义，和平"等理念，由中国传播到世界，对促进世界文明的发展也有着现实意义。

当然，通过孔子学院，人们分享到的不仅仅是儒家文化，还有中国文化遗产中的道家、佛家文化，这些文化对世界和平的正面影响是很深远的。

第 8 章

教与教相长

　　如果教师所教的一切都只能由家长式的检查员指导，并完全按照他们的判断加以修改，然后才能提出来，那他如何有威信的教学呢？检查员的判断都是迂腐狭隘的，每一个敏锐的人一看到这样迂腐的批示，都会退避三舍。

——弥尔顿

爱的教育

以下是在一个幼儿园教师培训的讲座录音，受园长委托，讲学前教育中，教师如何关注幼儿的情感发展，进行爱的教育。

赵老师："这次教师发展讲座是继上一次的讲座'我们的工作'的基础上进行。这次我们讲关于'爱的教育'。对某种行为的科学描述始于我们对这种行为感觉。当我们在日常互动中慢慢能够感觉到什么时，我们就会愿意去讲，去思考。所以我们现在所做的，就是在工作中寻找爱的感觉。今天的话题依然是有关于'爱'。上一周我们讨论了工作，你们的工作，我的工作，所有人的工作。如果我们了解自己在工作中做什么，就能够在工作上互通有无，就会有东西可以分享，那就可以站在共同的立场上去思考，才能建立共识，才能站在一起并肩工作。这是我们工作的基础，而这其中很大的一部分是关于爱和兴趣。我一直认为，对工作的爱来自兴趣，兴趣赋予人爱的动力和能力，这两者是相通的。本次讲座的中心内容是'爱的教育'真谛，这也是本幼儿园在幼儿教育发展中归纳提炼出来的一个校本理念，也是本幼儿园平时谈论得比较多，也一直在实践中实施的一个理念。有没有老师可以先来分享你在这样的教育环境中工作有什么感受？"

教师一："在小世界这个大家庭中，我们把爱贯穿在课程里，每日生活里，户外活动里。老师们不仅把爱的教育带给了孩子们，自己本身也得到了成长。我们和小朋友一起感受，一起分享这一份爱。同时，我们也学习如何把爱带到同事之间，带到和家长，和上级的互动之中。"

赵老师："能具体到事情吗？"

教师一："比如说，园长会定期给我们开阅读分享会，让我们把在工作之余学到的一些好的东西拿出来大家一起分享，也可以增强同事之间的凝聚力。

我认为这也是一种爱的体现。"

赵老师："所以你们是在一起共同学习。阅读是一种学习的过程，如果有人给了你这样一个学习机会，鼓励你去学习，那我觉得这就是爱了。"

教师二："我说一个故事吧。昨天有个邻居带着女儿到我们家，聊着聊着就觉得她女儿已经会讲很多了，胆子也特别大。以前她跟女儿说'你去玩呀'，她女儿总是一个人背着小书包很乖地站在一边看着。现在能感觉到她女儿已经比较大胆，比较自信了。我就跟她说，可能是因为在幼儿园里，老师给孩子的爱特别多。我们的老师一般都不会特别严厉地批评孩子，一般都是以讲道理来教育孩子，我觉得这一点对孩子的帮助比较大。在活动中老师对孩子的鼓励比较多，现在孩子特别大胆自信，这一点改变很大。所以虽然上学很远，但我还是坚持让孩子在我们小世界继续学习。"

赵老师："鼓励也是一种爱。孩子们既是弱小的，同时也是最强大的。在年龄、体能和行动方面，他们需要成人的照顾与帮助，所以他们是弱的。他们强大在什么地方呢？他需要你关心的时候就会哭的，他就是一个向心力，有吸引力，我们的注意力都会朝着他而去，所以他也是很强大的。幼儿教师的工作就是'爱的教育'。今天我就和老师们一起来分享如何做好'爱的教育'。这不是我们说想做就能做好的，是需要学习理解的。这种教育是有理论与哲学基础的。我们做的事情，不管是哲学也好，还是教育行为本身也好，都是有理论支持的。说到这个'爱的教育'就是一种教育哲学。我又想回到我自己的经历上来讲，和大家分享一下我的教育理念。我曾在自己的著作中写过这样的一段话：

In the case of classroom situation, children can be controlled, for instance, by care and love, in a way which makes them feel safe and comfortable, and for many children, that is the only way they can be controlled. Other ways of control may make them problematic.

这段话主要表明，我们上学的时候，学生比较多，老师想的往往都是只要把学生管住就行了。'管住'就是说我们把教室局面控制住就行了。上面这段话的主要意思就是说，在教室里，老师如何才能管住小孩呢，最好办法就是爱与关心，用其他方式控制小孩都会出现问题。同时，我们要把这个'爱的教育'哲学和规范小孩子正常的行为联系起来。爱的教育并不是放任，听之任之，随他去，由他来。比如，在幼儿园里，有时候爸爸妈妈来接孩子，想蹲下来和他们说几句亲热的话再走，但小孩子就会推大人，打他们，那家长该怎么做呢？或者说，当孩子打你的时候，老师该怎么做呢？"

　　教师三："不会去阻止他或者骂他，还是要让他感受到我们对他的爱，用爱来打动他。"

　　赵老师："这就是今天我们要一起来面对的问题。我们到底该怎么做？我们爱孩子，那我们还需不需要去教他怎么行为？规范他的做法？孩子做错的时候，我们需不需要教育他？他推你、打你的时候，如果你还不阻止这种行为，他以后还会不会继续这么做。今天我们就要来讨论'爱'和'严'之间的关系。我觉得，通常情况下，严和爱是有点矛盾的。但我们的生活就是充满着矛盾，并且需要矛盾的。矛盾是一种力量，可以促使我们前进。今天我想告诉大家的就是这样一种新的观点，我们的教学当中充满着矛盾，而且我们需要这些矛盾。这样我们才能进步，才能发现事物的张力与平衡力，才能在张力中做出平衡牵引。这既是我个人的教育哲学，也是一种普世的价值。下面我们可以看一下，如果说我们用所谓'爱的教育'去迁就、纵容孩子，让他们想干嘛就干嘛，会不会有人提出问题，说如果这样的话，我们老师是不是给予了太多的爱，而没有对学生进行一种促进性的学习教育呢？'爱的教育'是不是就不要批评教育孩子了呢？如果我们一直鼓励孩子，就算他做错事的时候也还是不批评，那他就只知道什么是对的，而不知道什么是错的。所以，孩子做错时批评是有一种力量的，批评能让孩子知道什么是错的。这样孩子才能平衡地发展。当一个孩子发展平衡的时候，他才能称得上完整、全面的发展。他既要知道什么是对的，又要知道什么是错的。我们不能只给他一方面，只告诉他这样做是对的，而不说什么是不对的。我们要把这个平衡感建立起来，这样我们就在'爱的教育'筹码上加上了另一种力量，就是辨别是非的能力。所以有时候，我们需要老师们稍微严肃、严格一些，在孩子推人、骂人、打人的时候，要说出一直没有说出来的话：'不能这样做。'一定要说出这样的话，不说的话，他就会一直这么做下去，而养成不良习惯。所以在适当的时候，我们作为老师，表扬与批评的话语一定要建立起来。不要说得很不好听，像'你这样做我就要把你关禁闭'，这类话是不应该说的。但如果面对太多次的打人骂人，你都没有采取效果性行动的话，孩子的错误行为是无法被制止的。老师需要制止孩子的错误行为，需要告诉他'不能这么做'。与他讲话的时候，眼睛要看着他。如果他不听，那我们还要继续想办法。当我们谈论这些的时候，大家可能在想，如果给予小孩的爱多了，会不会娇惯他们？爱与严要一起来，而且对每个孩子要公平。这就是我们在教育中常说的平衡感。如果一个老师能把公正感建立起来，那孩子们就都会相信你，信任你。如果不能建立起来，那小孩子就会觉得，反正你只对某个孩子好，你的话我就不听。孩子是会比较的，你给他多少表扬，他们会计算。所以我们在班上要注意把握和每个孩子的相处时间，分配好给予每个孩子的话语多少，还有奖励的程度。如果某个孩子说对了一个问题，你给他两颗星，而另一个也说对了，你只给他一颗星。这些行为都很微妙，小孩子都会对此有反应，但一时半会儿是不会也不知道怎么说的。好，这是老师和单一学生之间的关系。总的来讲，给予孩子太多的爱会不会娇惯小孩子呢？如果爱得恰当的话，那大家都知道，不用说。爱里面是有力量的，但也有两面性。这里面矛盾就出来了。我们可以给班上全部学生很多爱，但在面对每一个学生时，就要注意平衡感，要公正地对待每一个小孩。这样，你的威信才能建立起来，孩子们才会觉得你既给了公正的表扬，也给了公正的批评。在你批评他时，他会觉得这是可以接受的'好'。为什么？因为他相信你，觉得这个事你是不会'做错'的。其实我们的很多教育，最后都会落在'爱'上面。我还要与老师们分享情感教育的目标问题。我们对小孩一方面要严厉，另一方面又要给他一个宽松的环境，要对他好。去年我去美国布朗大学讲学，在学校附近有几所很好的中小学，和布朗的教育学院都有合作研究关系。我去了其中的一所，里面有从幼儿园到高中的全部年级，是一家贵族私立学校。我在参观时拍了一些幼儿园孩子的照片，大家可以一起看一下。这是幼儿区域，如果没有爱的话，他们会不会这么轻松自然？在幼儿园里玩的和他们在家里玩的没什么区别，感觉就像在家里一样，他们已经把幼儿园当作了另一个家。我们怎样才能让孩子们有这种感觉呢？这里面必须是要有爱的。如果没有这种家庭般的爱，孩子们是不会觉得自然、轻松、悠闲的。这一张照片也是孩子们在玩，玩具可以随便玩，但玩好了必须放回去。下一张是老师在给孩子们上课，我想让大家猜一下上课内容，老师在教什么呢？"

教师们："讲故事，唱歌，戏剧表演……"

赵老师："其实呢，老师是在讲印度英雄甘地的故事。如果是在中国，孩子们这么趴着听课，我们会认为他是在听吗？实际上他们是在听的，只不过是需要把肢体放在最自然的状态当中。只要他感到舒服，那他是很会听的，很容易听。那我们就来讨论一下孩子们在班上的状态。比如在幼托班教英文，他们怎么学，学什么？如果教他们发音拼读，他们是不是跟得上？学生的肢体处于什么状态，他们思考到了什么程度？在爱的教育里，这些科学性的东西也要注意。好，这是我在美国观察到的学前教育情况，和大家分享一下。大家有没有查过资料，如果一个小孩端端正正坐在那里，注意力能集中多长时间？"

教师们："三到五分钟。"

赵老师："如果跟他说，不能动，讲完了再动，那他最多也就憋个十分钟，已经很难受了。如果你想让他们一直认真听着，那要怎么办？如果他们就那么趴着，或坐在地上，你会允许吗？这是值得我们老师去思考的问题。我们上课时，学生应该处于什么状态？必须坐直吗？"

教师们："如果他影响到别人的话，还是要制止的。"

赵老师："对，我们什么时候应该去制止，这是一个技术层面问题。影响到他人的时候要制止，这一点我同意。还有什么时候要去制止？如果你觉得他真的没有在听，那也需要去引起他的注意，对不对？"

教师三："因为等孩子们上了小学，上课都是有要求的，所以如果幼儿园一直这么'乱'，家长也会担心，孩子们上小学之后会不会有障碍？"

赵老师："这是年龄段的问题。我们应该怎么对待小孩的自然状态？他是坐端正了注意力集中，还是趴着的时候注意力集中？这是值得我们去思考的。同时，这也和我们的文化环境有关。中小班的孩子在长身体，可能更需要自然状态。到了大班，为了衔接小学的学习，就要开始在一定程度上规范他。但也不用要求他进了小学就要和其他所有人一样，那样的话，他就失去了从小世界走出来的特点。小世界的孩子在进小学时，应该带着小世界的标号。这个标号是什么呢？就是说，他不会像其他孩子一样，被要求端端正正坐四十分钟，觉得肢体上很痛苦也不说出来。所以我们小世界的孩子走出来要处于一种状态，他可以调整到一定程度，但他不会在感到痛苦的时候什么都不说。孩子们应该学会表达自己的感受，学会去跟小学老师沟通，去和他们交流在小世界里受到的教育。可以对老师说：老师，我们幼儿园的时候是怎样的，现在这么一直端正坐着，我们有点难受，你要让我们继续这么坐下去吗？这样我们小世界的教育，就触及到小学教育里面去了。如果家长回过头来把这样的故事反馈给你们，老师们会有什么感觉？如果有一天，家长专门回到幼儿园来，和你们分享这个故事，你们会有什么感觉？"

教师四："我之前看过一份报道，说的是小学一年级的老师对新入学的孩子有什么样的感觉。有一个老师说，更希望孩子是一张白纸，无拘无束，这样教给他的东西就不会和他上小学前所学的相抵触。"

赵老师："所以小学老师也是有心灵的正常诉求的，也希望孩子们能够有自然状态的，学到好的东西，而不是错误的。如果我们的孩子上了小学，由这样的老师接手，那就不会遇到什么问题。在小学里，孩子们几乎都是在'坐直'的小学教室里坐出来的。"

金老师："昨天我和一个学者见了面，他的孩子在学军小学上四年级。孩子刚入学的时候，就是坐不住，老师就用一个星期来练习‘坐四十分钟’的动作。就是坐在那里，不能动。孩子觉得很累，受不了了，不要读书，不适应。然后老师就开始骂，把家长叫来，问你的孩子从哪个幼儿园毕业的。这位学者是搞儿童文学的，他对我说，正因为孩子上过的幼儿园开放自由，所以我的孩子也是开放自由的，会有一个非常好的未来。现在他的孩子已经上四年级了，成绩中上，不太能完成作业，现在找了个大学生陪着一起学习。其他的家长给他打电话，说四年级的孩子已经因为要考试而睡不着觉了，才四年级的学生啊！昨天听了这个案例之后，我就在想，理念的问题还是很重要的。如果孩子的小学班主任是传统型的，那一定会把我们孩子的天性抹杀掉。小世界柯桥园区已经办了十八年了，当地好多小学高年级和初高中的年级段第一名都是从我们小世界出去的。这真的是很值得骄傲的事情。但在刚开始上小学时，这些孩子都不受欢迎，还会在地上爬。但他们真的这么乱吗？他们其实是很认真的。刚才谈到注意力集中的问题，前几天小橘子的外婆就提了，孩子是从美国过来的，中午不睡觉的。那如果我们按照传统方法来管教她，必须睡，睡不着也要躺在床上，那孩子就很苦了。所以既然她不睡觉，那我们就不让她睡了。外婆说，孩子没关系的，只要活动的时候不影响别人就可以了，不要大叫大吵，安安静静地自己搭东西，自己操练，都是没关系的。我觉得，爱的严格和中国传统的教育、考试制度是有关系的，学校拼命抓教学质量，班和班之间竞争非常激烈，从小学开始就这样了，老师们都给搞得神经质了。"

赵老师："已经失去了共同协调发展的意识。这种情况老师们会慢慢接触到的，家长回来跟你们沟通是会讲到这些情况的。所以大家可以慢慢学会一种处理方式，让家长觉得，现在这么做是可以的，以后孩子也是可以因环境而调整的。我个人觉得，现在我们的小学做成这个样子是有问题的。孩子坐得太僵直。等小孩子长大了，要腰疼的。在这里和大家分享另一件事情，我浙大的班上有一个日本的学生，写了关于中日教育差异的文章。他在日本和中国都读过小学和中学，觉得中国和日本的教育有些不同。中国台湾地区和日本的孩子一般说来接受的人文教育还是比较多的，尤其是日本的学生。那他们和我们究竟有什么不同呢？我仔细看了他写的文章，他说，中国的小学教育已经非常重视学科了，而在日本，没有哪个小学生早上到了学校是先拿书出来读的。他们八点钟到学校，然后老师大概用半个小时的时间和大家互动一下，今天怎么样？有什么问题吗？跟学生先聊天，每天的课程是从聊天开始的。中国学生到校了就很严肃地读书，而日本孩子一般都会先到操场上玩一会儿，玩好了再到教室跟老师自然地聊一下，然后才开始上课。对于这样的不同，我们先不对它进行任何价值评判。作为一个老师，你认为哪一种是适合小孩长远发展的？是一进教室就开始读书背书，还是大家学会沟通，学会观察周围的情况，操场上玩一下，互动起来，友谊在玩耍中自然地建立起来？一个小孩和另一个小孩要好，这不是天生的。现在我们小学里的小孩很难跟别人建立真正的友谊，为什么？大家一进去就读书，读完书就回家了，没有和某个人有过细节上的心灵互动。教育体制不一样，教育出来的人的长远发展程度效果也不一样。在开放的土地上，一棵树能长得高大，而如果一开始就把这棵树束缚得很紧，那它的发展前景就很有限了。为什么我们很多学生到了大学就不读书，或者不怎么爱读书了呢？因为他的兴趣不是被鼓励了，而是被压抑了。我们回到爱的教育哲学，怎样在教师、学校、家长之间形成一种适当的关系呢？爱的教育到底是什么？这个理念可以用语言去描述的，刚才我们已经讨论了，应该怎么去爱孩子，要怎么做。

"斯坦福大学的教授——内尔·诺丁斯（Nel Noddings，1929— ）在很多著作中广泛论证了'关爱'是学校教育的准则。她还主张人们受教育是为了生活得更幸福快乐的教育学说。我认同她的教育价值观，所以我很爱读她的书，也会引用她的文字。她在 *Caring: A Feminine Approach to Ethics and Moral Education* 著作中表明，爱是一种关心。那么，关心是一种什么状态呢？我怎么知道我是否关心别人？今天的讲座结束了，大家也会慢慢清楚，关心的状态是一种什么状态。这不仅仅是在教室这个环境中，你作为一个人，也会知道什么时候对某个人产生了一种情感。她说，关心和爱是一种负担感，是一种承诺。我觉得，我们需要这样的牵挂性的负担，不要以为没有牵挂负担就是好事。可以这么说，没有负担，我们就一无所有。如果一个人没有给你造成一种力量感，那你们之间可能就真的没有关系存在。她说：

So to care is to be in a burden in a mental state. One of the anxieties here is solitude about something or someone.

"关心是人的一个心理状态，它实际上是带有焦虑性的。怎么理解这个关爱就是有牵挂的论点了。我们在座的每一个人都恋爱过，或暗恋过。有没有？她说，关爱就是一种焦虑，是一种担忧。你如果关心某人，关爱某人，就会产生一种倾向，想跟他在一起，你脑袋里装着这件事。你们初恋的时候肯定是这样子的，天天想着他，茶饭不思。如果我们把这种感觉转移到工作上，如果工作上的事情一直在我们心上，一直在我们脑袋里，那就证明，你真的很关心这些事，很在意这份工作。我们把浪漫爱情环境下的感觉转移到工作中来思考，帮助我们了解教育中'关爱'的真谛。如果哪一天，你工作上的一件事情在你脑中挥之不去的话，你是真的很关心这件事情。这个事情可能是一个同事，一个学生，或者哪一个你跟他之间的沟通还没有完成的人。你关爱就是你想着他，他在你的心里，头脑里。这件事很可能就是一个担子，压在我们身上，没做完的话我们就放不下。如果连这个担子都没有，那很可能你在这个工作中还没找到感觉。这是一种技术层面的东西，别看它讲起来是哲学的，其实它是技术的。这样的比方，可以让我们知道，我们在哪一段时间，在关心着什么，哪一个学生状态不好，我们没放下。现在我们知道了爱和关心到底是一个什么样的状态。

接下来和大家分享一个教育理念，来自美国前国务卿科林·鲍威尔（1937—）。他是军人出身，但对教育很感兴趣。从国务卿位置退下来之后，他开始做教育工作，训练学生。我们如何把爱和关心落实到行动中？他说在爱和关心之下，我们也不能教育出这样的学生，衣冠不整就进教室，是不是？

它需要你用行为去规范学生，把你的爱放到行为里面去。爱的教育是什么时候开始的？它并不始于我们的培训，而是在很多日常的事情中发生。爱是从哪里开始的？一年级吗？不是。我们从哪里开始感受到爱的？"

教师们："从出生开始。"

赵老师："对。当你在妈妈怀里的时候，你就开始接受关爱了。你饿了，望着你妈妈，妈妈就来给你喂吃的。你哪里不舒服了，她给你抚摸。这都是爱，爱从这里就开始了。在教育中，爱也是开始于自然的人与人之间的关系里。

"其实我们给孩子爱，一定要让人感觉到，他是比较特别的。你爱一个人，可能对他讲得最多的一句话就是，你是特别的。所谓的特别并不是指奇怪，而是说他是一个独立存在的个体。怎样让人感觉到他是特别的？要让他有独立性，他只能代表他自己，他不是别人。跟爸爸妈妈讲孩子的事情时，就要注意了。和小孩之间能解决的事情，那就我们之间解决，一般不会再去跟家长说很多小孩在学校的不良表现。孩子在教室里的事情，是你和他之间的事，你们两个能解决。不能解决的话，小孩就会觉得你'没搞定，还要去告诉我爸爸妈妈，让爸爸妈妈来教训我'。他心里会对老师产生想法。作为大人，我们能把想法说出来，但孩子们说不出来。作为老师，你是要指引这个小孩的，所以你要知道你在做什么，要怎么说话，你和他之间的关系要怎么处理。我以前也培训过小孩，我的原则是，我和学生之间的事，我们之间解决，一般不会把很多事再拿去跟学生的爸爸妈妈讲，跟爷爷奶奶讲。他没做好，每个人都知道了。我们之间没有秘密了。我们之间没有秘密，那我们之间的关系就是很淡的。所以我们和学生之间要建立起这种信任关系，你尊重他，他就学会对自己负责。

"我们通常会有误区，三岁的小孩会把他自己当回事儿吗？想想，谁不把自己当回事儿？你把他当回事儿的时候，他也很把你当回事儿。你是老师，又是大人，他需要你，很会把你当回事儿的。有时候他爸爸妈妈都搞不定的事情，他会来找你。爱的教育，爱在什么地方？就是与学生建立一种真诚的关系。当你与孩子没关系时，谁也不想谁。所以爱就是一种关系，这种关系就是'负担'与'牵挂'。这常表现在这样的自觉中，比如，问自己今天我这样做对吗？孩子们今天对我感觉怎么样？你会担心，也很急着想要下一次再见到他（她），这就是爱呀。同样的，你如果在工作中对学生或其他事情也这样时，你就很爱你的工作与学生了。为什么今天我们要讨论这些？因为，我们每个人本身都有爱的，因为我们每个人都有爸爸妈妈，我们每个人都有过男（女）朋友，所以我们都有过爱的。爱的教育并不陌生。只不过我们没有把这种爱用语言说出来过，没有把它变成可以认知的事件。我们现在要把它变得'有意识'，原来是无意识的，你做了也不去想，就是自然而然的事情。当你把它变得有意识了，这种东西就成了一种价值。有了价值就可以把它拿来放在很多情形下做事情，用来工作。你们是有情感的人，我们在谈论情感的时候，要知道它是有价值的。教师充满感情地关爱学生，学生也会用感情来回报你。小孩子弱嘛，体力不好，头脑也没发育完整，想问题想不明白，而你给他情感与成长的力量，他就会慢慢长大。我们这个幼儿园做了两年爱的教育，我也已经为大家做了两次讲座了，我总是期待着能有具体关于情感教育的事件，老师们能在教研活动中分享起来。今天我们就已经听到了几个故事。当你能把这些细节描述出来的时候，就很棒了。我们就是要做这些事，我们要有这样的故事来相互影响。这些爱的故事要在具体的时间、地点、人物上面展示出来，我们的工作就是要让它们发生。

"我们要让这样的事件发生，让爱的教育发生。那怎么开始？鲍威尔写过一本书，里面说要给学生一个良好的开端。幼儿园就是孩子一生教育的开始。如果这个开始开得好的话，就给了他这一生一个最好的礼物。这个礼物他一辈子都不会放下，他是爱，如何去爱，学习，如何学习，与人相处，热爱生活，身心健康。当然他也会有悲伤难过的时候，但你看得见，听得见，他会告诉你。如果有小孩这么告诉你，我今天好难过，那你就要仔细一点，就要低头问他："告诉我，你说的是什么，什么事情让你很难过，看看我能不能帮助你。"你跟他这么讲，他一定会告诉你很多事情的。你要成为小孩子秘密的倾听者。当你知道了他的很多秘密时，你们的关系就会很好。如果在我的教室里，我的学生没有跟我建立起一种很好的关系的话，我会觉得自己的教学没做好。

"研究表明，如果父母没有在孩子睡觉前给他读故事的话，这个孩子到了三年级就会产生学习困难。到了十八岁，第一个犯罪的绝对是小时候爸爸妈妈给的温暖和阅读时间最少的人。如果回归到教室里来，从幼儿园开始，我们就来读书，老师来读，大家听，读一两个故事，一两本书。一周读一小本就可以了。不用一下全读完，小孩听不了很多，要一点一点来。这些早期阅读是很重要的。另外一点是，应该让小孩子知道，什么时间做什么。一到春天和秋天，我对我的孩子讲得最多的就是，现在不冷不热，你要好好感受一下这个温度，好好去享受。昨天我的女儿还给我发了条短信'We are getting better and better every day. I love you.'她觉得我们的关系越来越顺。我是这么给她回的短信：'This is the best thing I have ever heard. It means everything to me. I love you most.'她两年前就开始对我说'I love you'了。我觉得这是我生命中最美好的收获。我女儿才十几岁，你们都二十多岁了，有没有跟父母说过'我爱你'？要说出来很不容易的。当我们听到这样的话时，要学会去回应与悦纳，我对女儿说'I love you more'或者'I love you most'等等。孩子们收到这种信息会强大的，他们会有力量的。如果我们这样去爱孩子的话，爱就会慢慢地出现在他们的言语与行为中。实实在在感觉到的爱是需要时间的，他需要酝酿，培养，浇灌。父母与孩子之间，老师与孩子之间，都是一样的。

"我们爱孩子，尊重他作为一个独立个体的存在。独立也是需要培养的，体现在每一件小事上，比如让他们学会系鞋带，可以拿一周出来专门让他学习系鞋带。如果三岁的小孩能够系好鞋带，那可是一件大事儿。不要觉得他们一定做不好，他们可以学会的。这些都是靠潜移默化和下意识的培养。说实话，有时候教育小孩行为就像训练小猫小狗一样，比如，吃饭时候吃饭，该吃完就是要吃完，这个是可以训练出来的。你们都是跟小朋友直接接触的，可以留心一下，到时把这些技巧拿出来分享。孩子哪一天吃完了，有进步了？

那天发生了怎样的对话，是哪些言语让他吃完了？下意识地去回忆一下，以后就讲得出来。小孩的鞋带开了，不要说，我帮你系。要教他，是这样系的。这样几次他就学会了，要不然你以后得一直帮他系鞋带，穿衣服。幼儿园工作很烦琐，但有些时候是可以把小孩的力量利用起来的。如果他能自己把凳子放回原处，自己把被子叠好，那你不就少了很多事情吗？小孩子独立了，实际上也是为我们自己好。

　　"实施'爱的教育'工作是有一定机制的。这个机制表现在什么地方呢？语言与行动。语言本身就是一种机制。孩子还在学习应用语言的过程中。如果孩子说了不太文明的话，就要提醒他注意用词。该说的就要说，他哪句话说得不对，哪个词没用好，你都可以为他指出来，幼儿园也是一个孩子学习的地方。这些事要慢慢来，小孩会意识到你这么做是对的，是好的。同时，如果我们要与孩子建立爱的关系，还要注意利用小孩的社会生活圈子来配合你的活动，比如他的父母。如果你要实施一个什么计划，可以让他的父母协助你，也参与到你的活动中。最后，关于爱的教育，我们讲了爱是什么，爱是怎样一种状态，可以从哪些地方把它实质化起来。我们还要学会用新的评价机制。我自己也在做教育的过程中提出过这样的哲学理念：'We care about those who care'（我们要关心那些有爱心的人）。幼儿园与学校首先要注意善待有爱心的老师，有关爱能力的老师需要体制与社会的认可，教育评价机制要能纳入这样的价值观。关心一定是相互的，双向的，这就是爱的教育机制。

　　"以后在幼儿园的教学评估当中，就看是否有关心孩子的故事。你有关爱的语言吗？你有关心的行动吗？这些都是看得出来，讲得出来的。当你做到这样的关爱时，你就是优秀的。这就是爱的教育。今天我们已经触摸到了爱的真谛，相信大家也会比较容易地在行动中把它具体化，要怎么做，效果是什么，一定要有所体会，而且能够沟通分享起来。谢谢大家。"

走近创造力

（幼儿园教师培训讲座录音稿）

赵老师："我们这一个月的发展呢，讲的要点就会进入到创造力。那么如何走近创造力？今天，我们开始进行外围的一些理解性的，还未进入到创造力本身的探究。后面我们会进一步探索创造力的实质内容，就像我们讲'爱的教育'这个系列一样。其实我准备了爱的教育第三讲。金园长说要先讲一下创造力。今天我们先结合创造力来讲。其实我们这个幼儿园的教育宗旨在操作的层面，它的理解层面呢，我觉得是对的，为什么呢？因为这个前面一两年，都在讲爱的教育，爱的教育本身又加入了一些学术知识内容后，让老师们对感性的认识加上理性的理解。所以，本幼儿园实施的'爱的教育'，应该说是相对科学的。因为爱的教育，说实话，总的来讲它是一种情感教育。这个情感教育，我们都知道，它是与智力相辅相成的一个基本因素。要一个孩子去学习好或者创造力很强，他若没有基本的情感，没有基本的兴趣的话，他是不容易学好的。所以说前面的情感教育应该是和今天要讲的创造力教育是一致的，情感教育是发展创造力的基础。关于创造力，到目前为止，我觉得这个创造力的基本要素，就是你对所做的事情喜欢和爱，就这么简单。其实，创造力不是那么神秘的东西，它也没有什么奥秘。所有的秘密就在于你对所做的事情有兴趣，喜欢。当你有兴趣、喜欢的时候，投入进去以后，你就会发现那是一个奇妙的世界，那才奇妙得起来。

今天，我们试图来了解创造力。

我们开始来猜一个谜语。这个谜语我们先用英文，再用汉语，大家思考一下。我们要不要请个老师先来念一下？哪个老师念一下？"

教师一："There is an ancient invention still used in parts of the world today that allows people to see through walls. What is it?"（以前有一种古老的发明，至今仍

在使用，它能让人隔墙看到东西，这是什么？）

赵老师："What is it? 这个古老的发明一直都在用，让人们透过墙看见世界。"

教师们："望远镜……电视……"

教师们："透过墙……"

教师二："窗户……"

赵老师："谁说的？ Yes. 窗户。Well, very clever. 很聪明，不要很久就猜出来了。那我们这个课就好讲了。"

（众人鼓掌。）

赵老师："有时候你会觉得，啊，透过墙还能看到东西？其实我们所有的房子都是由墙组成的。有时候我们知道房子里有窗户，但是忘了房子其实就是各种墙围成的。创造力呢，应该是每个人都有的。每个孩子都有创造性发展的权利和机会。每个人其实都有创造力的，我们现在是想认识创造力。创造力到底是什么，你们认为创造力是什么。我们的认识一定要触及到自己的认知以后，才能对这个事情有所感觉。"

教师三："创造力就是不拘一格。"

赵老师："不拘一格，嗯，创造力就是不拘一格。我们其他老师，都讲一讲，创造力是什么？"

教师四："自己的东西。"

赵老师："自己的东西。可不可以这么理解，创造力其实一定要来自自己原创的思想，就是说，发自你心里的东西，就叫是自己的嘛。你什么时候才能称某东西是自己的呢？既不是借的，也不是模仿的，对不对，那就是自己的。不是抄的，就是自己的。嗯，这就叫原创的。创造力肯定是跟原创有关系的。首先第一步是原创的。还有呢？创造力是什么？你认为呢？如果说我们每个老师都说一句的话，会是什么？我们已有两个老师说过了，我们每个老师都说一说。"

教师五："创造力就是一种从无到有的转变。"

赵老师："从无到有。Yes. 我们要说创造的话，就是从没有到有。是不是？Yes, it is."

教师六："创造力，我觉得首先要有一定的想象力。"

赵老师："想象力。嗯，想象力是很重要的。Yes, of course."

教师七："我觉得创造力就是把人们内在的一些潜能展现出来。"

赵老师："这个认识很有趣，创造力就是把自己的潜能给展现出来，就像我们刚才说，让大家分享一下，开始没人愿意说。说实话，你们说的关于创造力的认识，在每一个非私密场合下的发言，都是一种激发你去表述的力量，就是把你自己想到的说出来。什么叫从无到有呢？这个话，你说了就有了。是不是？其实有时候创造是很简单的。"

教师八："创造力就是一种能够使人看起来比较有活力，充满活力的一种力量。"

赵老师："创造力，它是一种力量，要不然我们怎么叫创造力呢，是不是？创造力是一种力量，让人看起来有活力，很有意思哦，所以创造力，它是一种让人有活力的源泉。活力有时表现为激情。激情也是一种活力呀，对不对。激情它是一种力量，很好。"

教师九："我觉得每个人都有创造力，只是有些人的创造力被遏制了，需要有一种机制去激发。"

赵老师："That's great. 为什么我们一谈创造力，大家都讲体制呢？因为某种体制下，它没有让人把创造力给发挥好，是不是？"

教师十："我认为创造力就是把自己所看到的，然后结合自己所想的，去给它实现。因为这个看到的东西，可以通过创造、想象，运用到另一个东西中去，这样演变，把它变成现实。"

赵老师："你说的这里面有两个步骤。一个就是说把想法做成现实，另外一个就是说把你这里看到的东西能够运用到另外一个地方。Excellent! 有些时候创造力除了从无到有以外，它还是把实用于一个地方的想法运用到另一个地方。从一个地方到另一个地方——为什么东方西方要相互学习？"

教师十一："我觉得创造力就是通过一定的事物可以激发它。"

赵老师："嗯，创造力是可以激发的。创造力有时候是需要一点刺激的灵感。什么刺激呢？"

教师十二："兴趣……"

赵老师："用兴趣来刺激……那什么东西可以产生兴趣呢？"

教师十三："好奇……"

赵老师："Good. 创造力是可以激发的。我们这个激发要用什么呢？可能要有好奇心，是我们最原始的一个原动力。所以我在我的讲座计划里面，我计划了一个讲座题目叫作'如何保持小孩的好奇心。'"

教师十四："我觉得创造力要 jump out of the box。就是跳出框子，然后从另外一个角度看待问题，你往往会有新发现。"

赵老师："你们都是创造力大师啊。这些在我们研究创造力里面都有的，都要的。我们现在一说起创新，常常听到说得最多的就是怎么样'think out of the box'，怎么样超越我们现在现有的思维框架。这是我们大家都想要做到的。从某种程度上来讲，也是讲怎样不同地去思考一个问题。这就是我们常说的，我们某一种文化下，形成某一种特定的思维方式，是不是的？我们某一种文化真的让你总是用一种思维方式。有时候你换个角度来看这个问题，你会发现不同的东西。"

教师十五："我觉得创造力是人类特有的一种综合技能、本领。"

赵老师："Yes. 综合，这个东西很重要。综合，我们现在很怕局部的东西，我告诉你。有人经常说中国是怎么的，说中国是脚痛医脚，手痛医手。那还好呢，你脚痛的时候在医脚，手痛的时候在医手。现在很多问题是没有全局观造成的。所以这个综合是很重要的。所谓的创造力真的需要人的各种元素综合起来发出来的一种力量。"

教师十六："我觉得创造力就是发散思维。"

赵老师："发散性的思维。"

教师十七："我觉得创造力就是敢去想，敢去做。"

赵老师："I like this word. 敢不敢的事情，这个勇气是很重要的。有时我们想去做些改变时，我们大家心里面有很多顾虑。比如，我们会想这样做别人会不会说我呀？我这样做以后别人会怎么看待我呢？如果我这样做别人会不会说我出风头？如果我这样做了以后别人会不会说我有什么企图？这样做会不会有吃亏呀等等，对不对？所以勇敢和勇气是创造力最起码的态度。"

教师一："举一反三，跳出原来的框子，与众不同等等。"

赵老师："我研究创造力三年以来，得到的一个最大的认识就是，创造力不是集体行为，一般不是别人怎么做，你就怎么做，也不是你过去怎么做，现在还那么做。很显然这样既没有改变，也没有新意。与别人不同，或与自己过去做的不一样就是改变的开始。"

教师十八："我觉得创造力就是，每个人在不同的场合突发奇想的一个本领。"

教师十九："我觉得创造力就是，把你平时看到的东西，跟你自己想象的东西，创造出来的东西，能够给人制造一定的惊讶，甚至是意外的感觉。"

赵老师："很重要的一点，其他老师没提到的是，她想到了受众。我们为什么需要创造力？我们的创造力是要造福自己与他人，对不对？想象一下，我们现在的生活如何得益于他人的创造发明的？想象人类发明带轮子的交通工具是如何改善人的基因与社会发展的。英国广播公司曾做过一个调查，什么是最重要的人类发明？好像结论是带轮子的交通工具。机械交通工具的出现使人们的活动与社交范围超出了原始的村落，避免了同村近亲通婚习俗，从而优化了人的基因。现代的交通与科技发展已把地球变成了村落，出现地球村的概念。我们现代的生活都得益于他人的创造贡献。因此，人们创造发明是为了社会进步。"

教师二十："我觉得创造力是基于自身的经验，通过外在的刺激，然后加工思索而形成的一种新的无形的思维方式。"

赵老师："Great. 你这是最完整的，最学术化的定义。"

教师二十："我就是综合了大家的意见。"

赵老师："说到最后有好处，也有难处。因为好处呢，就是你到最后说的时候，可以吸收别人的思想，难处呢，就是别人都说了，看你再想什么，这很难的了。我觉得你这里面有个重要的东西，就是经验。要有一定的经验。你还提到了要有一个过程，这个创造力不是你今天想创造力就有，它是一个积累的过程。还有一种，你提到了新的思维或想法是无形的。我觉得，很有意思。所有的新的想法都是无形的，实际上它源于一种感觉，感觉是什么？我们不容易把它表达得很清楚。用现在时尚话语来说就是新意或创意。如果通过创造与创作技能表达出来后才可以清晰可见，创造与创作技能有口头沟通表达，文学与科学创造交流，图形与色彩呈现，影视声音等技术的加工处理后才会有作品这类产物，这些也算是新知识，新技术与事物。创造行为既需要经验与过程，同时，也需要对未知的世界有好奇心与仔细体验。"

教师二十一："我觉得，创造力的话，对个人来说，是一种自信的表现，就是说你有了这个自信的话，才愿意去创造这些东西。"

赵老师："其实自信和勇气是结合在一起的。我们有时候会问，人类的教育的目的是什么？现在我们大家也是教育工作者啊。作为教育工作者，你们不要把你们的职业当成一个单纯的保育员。自信，有的学者说教育的目的是让人自信，当然不是盲目自信，而是因有知识与文化的力量而自信。自信，从哪里来？经验与经历呀，岁月留给你的财富。"

教师二十二："我突然想到一个化学上的东西。我觉得创造力就像一种催化剂。它可以把不一样的东西，把普普通通的东西变得不一样，可以让两种简单的颜色变成另外一种新的颜色，可以把一个平凡的世界变得多彩。我觉得它是非常大的一个定义。"

赵老师："Great. 你实际上是在说，有一点很重要，我们的创造力可能，很可能就是来源于每天最平常的事情。你只要把它稍微变化一下。这也是我现在常讲的如何从熟悉的事物中找到新意的论点，新意要从熟悉的事物与日常生活中去发掘。"

教师二十二："它就有改变，有惊喜。"

赵老师："就像我们常说的，你把自己家具换个位置，它就是不同的感觉，它就有新意，你不一定要去买一套新房子。说实话，人其实都有很大的欲望想改变自己。只不过很多时候没有找对方式，也没找到力量。创造与改变不是专家与名人的专利，每个人都可以从改变自己日常生活开始，比如戒烟、开始阅读，与朋友聊天，或开始一项体育运动等都会给自己带来很大的改变。作为老师，我们的创造力也源于改变的力量。阅读与观察可以给你带来意想不到的行动能力，仔细观察与倾听会给你意外的收获，自己在教学中试验新的方法与写作都会提升你的职业能力。"

教师二十三："我觉得那个创造力，不是一种空的想象力。它应该有一定的积累在里面。就是说经验积累到一定程度，然后可能是需要一种灵感把它激发出来，然后才会有新的一些东西出来。因为我了解过，有的发明家，不是就平常这样想，他平时就看以前那些东西，积累到一定时间，做梦的时候，就一下出来了。所以我觉得，在谈创造力的时候，也要注重一方面，就是我们平时的积累。"

赵老师："对。你提到了灵感。我们在工作的时候，是不是需要灵感的？"

教师们："需要。"

赵老师："你们的灵感从什么地方来？"

教师二十四："实际生活中来。"

赵老师："灵感从什么地方来呢？看看那些科学家的灵感故事，瓦特看着烧开的水壶时感到蒸汽的动力；牛顿从苹果落地的现象想到万有引力的存在等等。生活与自然界是科学创造的灵感与基础。很多文学作品的创作灵感源于阅读，以及与有趣的人交流等。总之，生活是灵感的源泉，也是所有发明创造的服务对象。灵感并不是说来源于所有的非常重大的事情，它就来源于某一天，某一个人讲的一句话，或某一个人给你的一种感觉。大家有没有听过美国脱口秀节目主持人——奥普拉·温弗瑞（Oprah Winfrey）的谈话节目，我是看了她二十年的节目的，应该说，她是一个非常成功的人。她在斯坦福大学做过一个毕业典礼演说，她这个演说里面有一句话对我有很大的启发。

她告诫人们一定要注意生活里面的‘whisper’。‘whisper’是什么意思呢？耳语。她说，当我们生活中遇到困难时，我们可能没有听别人轻声告诫。当人家跟你轻言细语地讲的时候，你就要注意啦，不要等到别人对你训斥的时候，你才开始注意。所以这个很重要，我自己从这里学到了很多。我有时候会注意平常人家跟我讲的时候，讲什么？就是轻言细语顺便讲的那些话，很重要。而不是非要去找一个大师，像西天取经一样，跑到某个大师面前去，你告诉我，生活的原理是什么？你给我一点灵感吧。不是这样子的。它就来源于你身边的每一个细节。其实灵感，它就这么巧，又这么妙。”

教师二十五："我觉得创造力是学会自己思考，拥有跟别人不同的想法和意见，而不是单纯地接受一些信息。"

赵老师："Good. 你提到了创造性行为是给予还是接受的本质问题。在这个世界上，我们都在接受信息，通过电视、电影，还有网络等。包括我们现在讲课呀，也是给予与接受的行为。如果创造行为是一种给予，而不是被动接受的话，我们需要发出自己的声音的。尤其是教育环境下，教育如何让学生开口讲话，有创造行为，学生的声音如何被听见，是关系到我们的教育受众是否有创造力、是否能对社会做贡献的问题。他们才会有故事分享给他人，成为有故事的佼佼者。现在，我们的学生，很可能十几年在教室里面的学习，话都没有讲过几句。你们觉得有可能吗？我觉得中国是有可能的。到最后，大家都习惯不讲话。十几年前，我上英语课时就发现这样情景，曾经说过这样的话，我说，我想用一种办法，想用一种金砖把你们的嘴给打开。大家想想看，是什么力量把人的嘴封闭得这么紧呢？因此，我们的教育环境和文化一定要有那种‘open’（开放）的机制，让大家都有发言讲话的机会。这是教育培养创造型与给予型人才的基础。现在，我们如何对待学生声音，是我们能否听到他们的故事前提。如果，一个教育体系里，能听到学生美好的学习故事，这是社会力量的基础，这是教育的骄傲。任何一个教育体系，如果没有形成这样的一个机制和空间，创造力是无法开发的。

"我们继续看看，研究创造力的教授们如何认识创造力的。我们把创造放在有争议的环境下来看看，不同的学者有什么不同的看法。一个是我们邀请的英国教育研究学会主席菲丽西提·维克利（Felicity Wikeley）教授，前两天我们做高峰论坛的时候，她讲座的时候讲到一点，她说：if one person is talented at one thing, he or she will be probably talented with other things. 意思是如果一个人，一旦他对做一件事情很聪明的话，他做其他事情也会很聪明的。在某种程度上，这是成立的。但是，也有学者有不同的认识。研究创造力的创始人之一，E. Paul 认为：'A person who is highly creative in one domain and one environment, such as preparing game a meal in a well-equipped kitchen may appear to be lacking in creativity in another situation, such as leading the meeting of investment bankers in a cooperative boardroom.' 他说，一个人，在某一个领域，或者说某一个环境下，很有创造力，在其他非熟悉领域不一定有创造力。比如说，他在一个准备好的厨房里来做一餐饭的话，他很有创造力。但是，他在其他领域里面，很可能就会显得没有那么有创造力。比如说，你现在教幼教，跟孩子们在一起，你在与孩子相处是有创造力的，但是，换一种环境，比如说，让你到银行去工作，你就不一定那么有创造力。这就说明，我们现在如果要发展孩子的创造力，你尽量把孩子放到各种可能性的情景里面，尽量让他多接触一些东西，你再来帮他发展他的专长。也就是说，我们在广度和深度之间，在发展创造力的时候，让他接触越多的经验，他越可能在更多地领域，在不同的领域有创造力。E.Paul，是研究创造力比较早的人，他认为有创造力的人是那种 'beyonders'。这个词是什么意思？"

教师们："超越。"

赵老师："超越，跨越，都差不多。

beyonders，就是说那不断超越的人。就是那些在某些领域有特别成就的人，这就叫超越者。那些超越者有什么样的特征呢？ E.Paul 认为，有创造力的超越者有以下等特质：

'A delight in deep thinking'，喜欢深层思考，对犯错误要有一定的包容心；

'A passion for their work'，对工作要有热情，要有一定的目标性和使命感；

· 155 ·

要能够接受不同，自己或者别人的不同。当你觉得自己是少数人的时候，一个人的时候，你不要怕。我们讲创造力时候还会深入到这一点的。我觉得作为一个教育者的话，你要成为一个创造力的启发者，而不是创造力的约束者。我们中国现在教育里面，很多教育，它是约束多于开发。作为一个教育者，我们怎么样去给孩子空间？其实每个人都需要空间，我们做老师的，需要经过你的管理才有空间，而作为学生，需要老师在教室里要给他空间。教室是一个特定的环境，就像前面论坛里 Felicity 讲过了，孩子们在教室里，他觉得你就是特权，你就是有权威，但是你什么时候把这些东西放下，和孩子一起，成为孩子中的一员的时候，这样，孩子这种自然状态才出得来，他们才会自由活动；

有创造力的人会 'Take a responsibility'，责任其实是创造力与领导力里面最重要的一种。有的人其实不愿意发言是因为他也不想负这个责任，不想说什么，对吧？那么责任，我告诉你，责任是可以承担的，我们每个人，你都想找男朋友女朋友的时候，希望对方有担当，其实自己有没有担当呢？是不是，把担当让别人来担当，你就不用担当了。你要担当的话，你才是一个角色。角色是要人来担当的东西，对不对？所以这些东西你不要怕呀。这其实也是勇气的问题。最终还是会落实到和联系到勇气的问题。责任是要有的，也要担当的。

'Look for solutions to problems.' 对有些问题，你有没有去寻找解决方案？你善于做决定吗？或是你允许别人做决定吗？

'Encourage a mistake.' 同样的，可以承认，我们都会犯错误。

……

我觉得创造力是今天大家讲的所有综合。每个人都触及了创造力的一些要点，每个人都有对创造力的认识与理解。如果创造力是一件事，如果你一定想知道什么是创造力的话，它就是你们今天讲的那件事儿。创造力是什么呢？你认为它是什么，它就是什么。关键的问题是，你有想知道过，这件事情到底是什么了吗？我们也结合研究创造力教授的不同观点，在外围的层面去思考与认识创造力本身以及有创造性人才的特质。我们后面会进一步破译创造力，要再进一步把它放到生活和工作中。今天我们应该说在对我们以后的讲座进行了思想准备，谢谢大家对今天关于创造力讲座的贡献。"

教师们："谢谢。"

创造力的本质与培育
（幼儿园教师培训讲座录音稿）

张老师（主持）："我先简单讲几句，接下来是我们教师发展讲座，这样一次难得的机会。上几次创造力讲座，给我的收获非常非常大。像上一次，虽然是英文的稿件，对很多老师来说难以理解，但是只要我们认真听，从中受益还是非常多。我跟贾老师听完这个稿件后，我们回去就有很多的探讨。这上面讲的是，学校教育如何避免扼杀孩子的创造力。那么我们就会想要说，我们需要发扬与激发孩子们的创造力。我们班有些小朋友，真的是在学习方面，或者是日常的常规方面存在很多问题。如果是小学老师，用常规的那些教育方法来对待他们的话，我们都会觉得这些孩子的一些特质一定会被扼杀掉，他会被老师批评得非常会不开心，他学不到东西。我跟贾老师在想，这样的孩子，在幼儿园，我们会给他创造好的环境，让他去发挥自己的特长。这些调皮的孩子会想到其他小朋友想不到的东西，做出别的小朋友做不出来的事情。那么去了小学就不一样。所以在幼儿园里面，我们一个是会跟家长来沟通，保持孩子的特点。另一个是我们老师，就需要避免只给孩子们带来残缺的教育，而会给孩子一个健全的教育。所以，听赵博士给我们讲创造力发展的培训，只有浙江大学的学生才有机会听到。她来讲创造力培育，有这样难得的机会，我希望每一位老师都能够认真地聆听，即使是学得一句话，对于我们的一生可能都会有很大的受用。因为一句话，我们悟懂了，领悟了，用于我们的实际教学活动当中，跟孩子的相处当中，对孩子们来说，对他们的一生来说，都可能是很有用的。也非常感谢赵博士，再次来到我们幼儿园，为大家带来这样非常有益的课程。"

赵老师："这几周呢，我们都是在讲创造力。前两次，我们讲过的，就是说，对我们的大脑进行了准备。那我们今天呢，结合上两次的内容，再加上

· 158 ·

一些新内容，我们把它一起综合一下，对创造力，我们可能有一个较为全面的认识理解与感知了。我们第一次讲创造力的时候，每个老师都有发言，都有声音的，而且你会发现，你们可能记得我讲过的一句话，这句话就叫每一个人的每一句话，讲的关于什么是创造力，那就是创造力。你们讲的和世界上那些研究创造力的专家的发现，也没有本质的不同。所以说我觉得我们对创造力，最终回归到我最后说的一句话，创造力就是你认为它是什么，它就是什么。我也讲过，也没有什么诀窍，没有什么奥妙，只在于你仔细地理解，一切就在于，你有没有去思考。

"今天我们讲的这个主题就叫作'the nature and the nurture of creativity'，（创造力的实质与培育）。认识创造力的本质，是为了培养与发展创造力。'The nurture'呢，就是培养，怎么样去照顾创造力和培育创造力。因为我们大家都知道'nurture'就是，我们的教育，其实有一种教育行为，它就叫nurturing，培育的意思。我们先从'nature'（创造力本质）这个角度先看一下。

'The nature of creativity'（创造力的本质），这里讲的就是我自己最近这几年的思考，再参考一些其他学者的研究见解。我们可能在第一次讲的时候我就有记得我讲过一句话，我觉得创造力，它的一切就在于什么呢？兴趣。我们可以把兴趣理解成别的带有情感的那些因素，我会在稍后来讲。我们把它用另一个字来表述的话，这个术语叫作情商。我认为创造力是以情商为基础的智力表现。我们过去对创造力的早期理解，多数时候，是把它理解为智力行为。当然智力行为是创造力很重要的一部分，但是人们对创造力的认识研究发现，它实际上是一个情感表现，情感成分要比它的智力成分来得更为基础一些。这是我自己的认识，我是这么摆放创造力的结构的。那么就情感方面我们等一下也可以继续深入下去，进入到它的本质内容里面去看。

我们先看智力部分，原来我们讲得少了一点，今天我们也可以稍微提示一下。创造力这个智力部分呢，就是从某种程度上看你怎么去诠释它。其实就是一种思考方式（thinking skills），思考技巧，思考技能。我们经常会说，你思考，或者你怎么思考的问题。上次我们有的老师说，'think out of the box'，就是一种思考方式，也是一种思考技术，对不对？还有就是说，有的老师提到的，叫作发散性思维。发散性思维是不是跟思考有关系的？所以说，创造力很大层面是跟你思考的方式有关系。其实大家对创造力的恐慌，多数情况下，问题不在于思考方式之类的，而在于什么呢，很多时候我们没怎么思考。而且我们会说，我们的基础教育里面，往往就是忽略思考发展了，把学生思考的时间给抢走了。给老师们举个例子，我在其它地方也讲到过，以英语课为例，我曾经做过一个研究，访谈过一个老师，她是这样说的。现在大家教英文，教语言，就提倡少强调语法，多强调自然习得，多强调听说，是不是？可是实际教学中，首先，多强调听说也没有成功地实现，还是在讲语法；而且讲语法的时候，都还不够充分。她说，因为我们每天都有教学任务嘛，对不对，今天要把这课讲完，这个星期要把这个单元讲完，是吧。把这一单元讲完的话，你本来说，讲语法点时，是让学生慢慢去体会，去认识，一步一步地来，可是老师们就说，要高考呀，要考试呀，要提前把它上完，要复习呀，对不对。那么你根本就没有时间做引导式的教学。她打了个这样的比方，怎么说的呢，就像你要把这只小鸡引到这个目的地，比如这个目的地是个笼子，对不对？你想把这只小鸡弄到笼子里去，你本来说，用诱饵，让它一步一步地慢慢自己来。可是，为了抢时间，老师连这个用诱饵引导小鸡到笼子里的过程都不要了，最后就成了什么行为，你们想想看，为了省时间就怎么办？"

教师一："推进去。"

赵老师："变成了什么样子？老师把鸡拎起来，往笼子里一放，是不是的？这个过程就显得，什么都没有了，既没有小鸡走，也没有老师怎么用诱饵去引诱，对不对？学习过程没有了，它就是一切都没有了，这就是灌输。这就是什么呢？就是说，这种上课，哪有时间去思考，它连练习都没有，还能让它先思考了，再来练习，再来应用，哪来这些程序，没有学习过程，对不对。那也就是说，我们的基础教育，你会发现，如果大家要知道怎么样去改变，我们要从这里吸取教训。这个教训是什么，就是怎么避免没有思考的学习，避免造成没有思考的学习空间？那么你这个时候，从这样的中学教育出来，到了大学，已不太习惯思考了，参与意识也不强。我经常跟学生表演的。我每次跟学生讲到这个，就要把这个行为对他们表演出来。比如一个同学，拿一本书，背个书包进来，这是教室，进来书一放这（同时做表演），什么意思呢，他不期待去做点什么，他今天就来看你做什么，老师，你今天想干什么，结果活动和思考全是老师的事儿，学生们好像觉得这个课堂与自己没什么关系，因为这个学习不思考不做事的话，只能指望老师今天讲第一章、第二章、第三章了。我说，本来学习都是学生的事情，这个成了全是老师的事儿了，注意到没有，这就是为什么，这样的学习经历里面，其实没有学到什么东西。为什么？就是这样子的，因为我们的学生没有思考，选择，操作，以及应用的环节嘛。如果你问学生在忙什么，学生们会说，我在忙着拼学分，你问他这学期学了什么，他说，我这学期学了32个学分，学的内容都变成学分了。所以，这整个的学习过程里面，他的思考已经被挤掉了，连自己做事的时间也比较少的。所以我觉得思考，它是需要安排时间和空间的，当你这个老师思考以后，你的孩子，你的学生才会有空间和时间去发展自己的认识呀，否则，都是在接受别人的灌输。所以我们会讲，为什么创造力，它跟'thinking skills'（思考技能）有关系，就是跟你思考有关系，我们后面还会提到，思考是什么时候发生的。比如独自散步、仰望天空、静心读书、旅途中、做家务等时候，当然随时都可以发生。我们有没有思考，就看看你有没有这些行为，你就知道了，我们有时候肯定知道自己思考了多少。

"当然，创造力也不排除对知识的学习能力，你学到的知识，也是智力行为的一种方式，这与创造能力直接相关。但是这个知识，它不是我们说的事实性'facts'，它是你懂得，理解，以及整个对世界的了解，这些才叫知识，它这个是广义的知识概念。那么，智慧这个东西，为什么也属于智力方面的内容呢？这是我个人的解释，我觉得智慧呀，就是对传统批判性的发展，对不对，因为时代在发展，不管你变不变，时间在变，今天是24号，明天肯定不再是24号。什么叫作时不待人、与时俱进呢，因为传统有些东西，我们的价值，一些方法，我们学到的东西，是有时间局限的，我们60年代学的东西到现在已发生很大变化，你学到的东西是多少年之前的知识啊，这位老师，你毕业多少年？"

教师二："八年。"

赵老师："八年。你那个时候学的东西都是十年前的事儿。大家不要觉得，这个时间过得真快呀，八年，实际是你在那个时候学到的东西都是十年前的事儿了。十年，一个世纪的十分之一，很快的。比如说，这个老师，你毕业多少年？一年，那你学习也是五年前的事，对吧?! 你五年前的事。那也就是说，我们有时候有没有去思考一下，我的理解，我的知识需要更新的。我们更新知识的方式是什么？当然，交谈，读书、听课，出去访问，相互学习，都是更新呀。创造力的本质呢，我们先从这两个方向讲，一个是思考能力，一个是知识学习能力。

我们再继续下去，就是说，创造力的本质，大的方面，详细的方面，其实我们已经在各种程度上面提到很多了。我们刚才开始时讲的，就是情商，小世界爱的教育其实就是一个情感教育的铺垫。如果在这个铺垫下，不但是老师自己的个人职业成长，还是你教的学生，孩子的成长，有了这个情感基础，才有长久的未来。情感基础就在于，我现在就要引用自己的话了，第一次讲创造力，开场的时候，我讲过一句话，大家注意到没有，我讲过创造力的最基本的一个要素，其实是你要对所做的事情喜欢，就是爱。就这么简单。这是我们引用自己的话，你别觉得，创造力是什么神秘的东西，它也没有什么奥妙所在。所有的奥秘都在于，你对所做的事情是否有兴趣，是否喜欢。当你有兴趣，喜欢的时候，你投入进去以后，你就会发现，那是一个奇妙的世界，奇妙才出得来。创造力首先来自于你对自己做的事情要有兴趣。兴趣就在于什么呢？一切都在你是否感兴趣。（If you are interested.）我们来个简单的对比，我在讲课的时候，跟大家沟通的时候，你们如果感兴趣的话，我下次讲可能把它讲得更有趣，（if you are interested, I'll make it even more interesting.）为什么呢，因为这是一个互动的结果出来的。兴趣是第一点。你从另外一个角度来理解，兴趣就是什么？兴趣跟爱心是一回事儿。我们有时候没办法区别它。有了兴趣和 love 以后，你就有 passion（激情）。上次讲座以后，你们就说，赵老师有 passion（热情）。这些才是真正的动力。我常说，压力不等于动力，只有兴趣与爱好才是动力。下面用一个实例说明。这个实际上是上次我给你们发的一个资料的内容，里面有一个作家，她说，'I'm a writer. Writing is my profession. But it's more than that, of course. It is also my great life-long fascination.' 你读到的是什么，邹老师说说看从她这里读到的是什么？"

邹老师："我是一个作家，写作就是我的职业，但不止是这样，写作是我一生的爱。"

赵老师："很显然，这个人是有创造力的人。她的创造力就表现在她对自己工作的热爱。那么我们很少有人对教育产生像这种热爱的，像我这样热爱教育的，或者像你们金老师那样热爱教育的，很少的。这种 passion（热情）在这里面，其实是一种力量。上一次，我们第一次讲的时候讲过了，passion 它就是一种力量呀。它推着你去创造，我们也就把它叫作动力嘛。因此，情感是创造力的基础。"

赵老师："上面那个英文是我写给浙大毕业生的寄语。我们的毕业生每一年都找老师写毕业留言，那是我在 2009 年给我的学生写的毕业留言。我是这样写的：'Love what you do and do what you love.' 他们马上要去工作了嘛，做你所爱的，要么就爱你所做的。只有这样，你不管是在哪一种情形里面，你都有爱呀。那当你有了这些基础的时候，你才有什么创造力。基础是在于情感、兴趣、爱好。对我们的工作一定要有兴趣，那么创造力后面自然就出来了。

我给大家介绍两位研究创造力的专家：E. P. Torrance 上次讲座我已经给大家提到过的。他是较早的时候，上个世纪五六十年代人类研究创造力的科学家、学者之一。而 Robert Sternberg，他是现在研究创造力的人，现在是美国怀俄明州的州立大学校长，他本身是研究创造力和心理学的。那我们来看一下，当代的研究创造力的学者罗伯特·斯滕伯格（Robert Sternberg），对他的前辈的描述，E. P. Torrance 是一个什么样的人。下面我们就以这个人为基础，看看有创造力的人有什么特质。他说，E. P. Torrance, 'inparticular, was a warm, caring and positive person.' 我们有前面几次讲座，后面这些你看起来就知道了，就懂得更多了，是不是。前面好理解，就是这个前辈，早期研究创造力的人，他有什么特色？"

教师们："热情，有爱心，积极。"

赵老师："那后面呢，他说：'I've only met him a few times, but I was enormously impressed with the modesty. He is, given his preeminence in the field. He showed that the best people in the field have no need for the pretensions to which less distinguished academics can be so susceptible.'"

赵老师："后面还有，他觉得这个人是很平易近人的，尽管他向别人表明什么呢，在某一个领域具有极重要地位的人，并不一定要表示自命不凡。他要平易近人，平易到什么程度，让别人容易受到他的感染。当你在这个领域是最好但自命不凡的时候，你影响不了别人，对不对，所以你必须要平易近人到让人家也受到自己的启发，这就叫影响。所以，我们看看，有创造力的人，世界上很多，就我自己而言，对创造力的研究，我就关注这几个对研究创造力研究有贡献的人。那这个 E. P. Torrance 呢，他发明了创造力量化测评的系统。而后面这个 Robert Sternberg 呢，他多数是用什么呢，他不是用量性的方式，而是用质性的方式来看创造力。我们等一下还会再看看他的理论。

Robert Sternberg 他提出了关于创造力的这样一个理论，他用了一个经济学的理论，这个经济学的理论叫作投资理论。这个投资理论把它翻译成汉语，叫作'买低卖高'，这是经济学的一个理论。英文大家可以看一下，'buy low and sell high'，这什么意思呢，就是说，我们的创造力，它是一个与提出新的提议与新的想法有关系的。当一个人在创新的时候，他会提出一些新的做法或者想法（idea），当这个新 idea 刚提出来的时候，由于它是新的，刚出来通常是受抵制的，是不是，那你提出了新的 idea，刚提出来的时候，别人都反对，抵制。如果你不坚持的话，这个东西真的会被抹杀掉了，你如果坚持的话，开始支持你的人很少，结果呢，你发现，这个 idea 因为有创新，它就是有一些发展前景，在很多年的发展证明以后呢，它这个东西确实就是好的，要几年的时间的，那后面别人是不是就卖高了？大家都愿意接受了，大家都觉得好。那我们怎么样去理解创造力，他用这个理论来看创造力行为的本质，首先，新东西会遭到反对，其次，如果不坚持的人，你的新想法或提议就会被反对、否决掉，也就是说要坚持。要有创造力的话呢，一个人需要有这样的一些特质，你要有这样的准备。在他的这个研究里面，他觉得有几个方面促使创造力的产生：intellectual abilities（智力的能力），就是我们刚才讲的，多数是思考力等；knowledge，就是获取知识；还有就是 styles of thinking，思考的特色；motivation 动机；最后一个 personality，人的个性，这个跟人的个性有关系。

"发展创造力的话呢，首先，既然情感是创造力一个最基本的元素，那你一定要发展情感，这就回归到我们所有的爱的教育，前面的情感教育的重要性，大家都知道为什么，从某种程度上，这个幼儿园它做的就是对的；不是说我说是对的，因为它在这个过程里面得到了印证，所以你要培养情感。证明情感就是我刚才讲到的，激情要不要，爱要不要，兴趣要不要，一定要的。如果我们看到一个人，对一切东西都漠不关心的时候，说实话，这个人也很无趣，你对他感兴趣吗，他都没有表示兴趣的样子，你能对他感兴趣吗？

"创造力也表现为思考力与学习知识的能力。因为知识和 thinking skills 它源于什么，我们说的经历和经验，那么你最好的方式是要把经历最多元化，把你自己的、你学生的经历多元化，你今天让他做了这个，还经常让他做别的，不要总是局限在我只会做这个，对其他的都没兴趣。

"创造力，不要脱离人去看，热情是人发出来的，知识是人习得和学到了的，对不对，思维方式也是人学习到的，都会体现在一个人身上的 embodiment，什么叫 embodiment，叫作身体力行。身体力行表现在什么地方，当创造力是你的时候，它从你身上发出一种印象，就是说你是有创造力的。

什么时候，第一，你很有热情的时候，当然，这个热情也不要像倪萍那样煽情，一定要有知识，它就是这种发光发热的东西，它不是装出来的。热情你要有，怎么看见，怎么判断，你看这个辛晓琪唱歌的时候她流眼泪，眼泪不是从身体里流出来的嘛？她要是对唱歌、对社会没有那样的热爱，她流得出来眼泪吗，流不出来的嘛，是不是？你看那个黄绮珊唱歌的时候，那个卖劲儿，把吃奶的力气都用出来了，她爱不爱唱歌，爱，你看到她那个样子，是什么东西，是爱。你喜不喜欢她，你受不受到感染，这就是爱，这就是她们有力量的一种表现——创造力。你只要身体力行就可以看得见的，可以传达得出来的，可以感觉得到的。"

教师三："赵老师，倪萍有时候也会流眼泪的。"

赵老师："她的煽情表现得缺乏知识。她跟我们现在讲的这些东西有些不同的是，她不自然，注意到没有，她就缺点儿自然。为什么我们现在强调自然性呢，创造力它一定是身体力行的，当你有知识的时候，当你能够思考不同的时候，有时候你很细节的一个行为就能说明你有创造力。

所以我们说这个创造力，它在你身上可以看到的。什么意思呢，注意，最大的一个特征就是它以人为中心的。那我们怎么样去培育这些东西呢，科学研究表明，创造力要有一定的环境，一定的情绪，对不对，那么哪一种情绪最适合创造力呢，就是不要太 stress，这种 stress 叫什么呢，压力，压力太大也不行。我们来看一下这两张照片，哪一种教室状态下不容易产生创造力，比较一下，哪一个不容易产生创造力。"

教师们："第一个，左边这个。"

赵老师："是的，这就是我们前面，也是第一次讲创造力的时候，我们提到的这些东西，是吧？这些东西就是说，一个学生处于一种什么状态，才能够真正听进去了，肯定不是笔直坐四十分钟。僵直坐四十分钟的，可能性很小。为什么呢，我们自己成人都是这样子的，当老师检查自己坐直了没有的时候，所有注意力就只关注坐直了没有，老师会不会来说我一下，总是在想这件事儿，老师讲什么是听不进去的，根本就没听进去，所以很多教育精力，都不知道自己浪费在什么地方，是吧。还有老师和学生之间的那个位置也不对，没有和学生在一起。当你不跟学生在一起的时候，说实话，我站在这里讲，就这样子的（模仿），下面的人有什么反应也不知道。老师与学生之间一定要有这种相互关系存在，关系不存在，教育就失去意义，学习就不能产生，都在浪费时间。

为什么我们在讲，教育里面的有些东西是很重要，我们讲的是一种气氛和肢体行为，情感，所以我们要学会换位思考。自己常在一个教室，换位思考的教学里面，我们会怎么做呢。我常教中班的，我是不是哪一天可以跟某个老师来个商量，我们俩换一下，换个位置，我到你那班上去看一下，你到我的班上看看，你会发现很多的不同，你看惯了中班的学生的样子，你再去看小班的学生或者是大班的学生的样子，当你看大班学生的时候，你就会发现，哇，这些学生其实学习能力很强的，你再去看小班的时候，你会发现你中班的学生，其实他们已经很能干了。平时你总是发现不了他们很优秀，为什么呢？你觉得孩子们这也不会，那也不会，教这也不行，那也不行。但是你去看看小班你就知道他们已经很厉害了，是不是的，就这么简单呀。你以后对你班上的情况会认识彻底一些。对孩子的认识会彻底一些？就是什么叫换位，换个环境呢：换个环境，不是说我要跑到别的国家，别的城市里去，不是这个意思，而是换个角度看我们日常事物。你通常上课是在教室里面，跟你相搭配的老师都在教室里见面，抬头不见低头见，要不然你们两个什么时候换个地方坐坐，聊聊班上的小朋友，也不一样的，很不一样。

关于创造力的培养，在幼儿园，我们还是回到教室环境问题，教室是教师与孩子在学校活动的主要空间。我今天在四层的教室里面，我都去看了一下，我觉得我们的教室里面还是真正很自然的，没有哪个教室里是把小孩子坐在那里一动不动的，没看见过。所以这种，我觉得首先回归到对肢体的控制上，大家都是，对小孩子，尤其是长身体的时候，身体自然轻松，学习自然就注意力比较容易集中。最终回到教室里来，我们最终是以教室结束，因为那是重要的学习活动空间，孩子们在那待的时间较长。什么样的教室气氛孩子可以有创造力一点，当然这个教室的气氛是由你的创造力创造出来的，为什么说，老师要有创造力，你创造什么？你创造气氛，创造教室情形，教室的摆布，这些都是创造呀。你允许学生坐成什么样子，那是你的权力范围内的事情，对不对？所以我们就说，怎么样培养创造力，能够在教室方面把它结合起来，都是这些小事，全是小事，所以我们回归到创造力和所有的情感都是反映在什么？生活细节里面的，细节就是一切，最后就是，当我们看到这些细节的时候，我们就知道一切的情况。所以今天关于创造力，我也就讲这么多，讲了它的本质和培育（nature and nurture），怎么样培养它，把这样的本质给培育出来，创造出来，情感和思考，主要这两方面。我今天讲得也不少了，谢谢。"

金老师："回忆一下，第一次赵老师在这儿说的时候，通过教授讲的课，我们首先要学会用新的语言和同事，和家长沟通，这是我们应该要的。每一次课下来以后，我学到了什么，我从哪一个方面，学到了一些新的语言。像今天这个课程，给我的一个启发是，我原来以为创造力本来很简单的，很片面的，很浅显的，好像自己理解了一些。今天听了后全面的一个感觉是，创造力，它需要一种热情和爱。热情和爱和创造力有什么关系，以前我不会联想，今天听了以后，我觉得联想起来了，我觉得这点收获不错啊。还有一点，喜欢上这课的时候，我就会认真听啊，我学到这一点了。还有一个，我觉得，在我们这一次一日活动之中，也觉得我们的老师也非常努力，把自己的环境，就像今天赵教授提出来的，如何打造得特别有创意，我觉得，听了以后，我们的老师在接下来的时间里，要体现在我们的工作之中，了解自己的班级，非常富有创造性的地方在哪里，这一块我觉得也非常需要整理。还有一个，今天听了以后，给我们老师反思的一点是什么，创造力与知识一样，是一种力量，有这些力量的人，不是来控制别人的，而是用来培养孩子的力量的。今天在座的这些老师之中我觉得反映出一些老师们对这种创造力的理解和用在她的半日活动之中还有些欠缺，我提几点让大家注意应用……"

课程概念

（幼儿园教师培训讲座录音转录稿）

　　我与这个幼儿园的很多老师都是熟悉的，今天还有一些刚刚参加培训的新老师来。正值秋季，在幼儿园里待着非常舒服。这个环境里的色彩、人文让大家都有一种平和的感觉，就在这个环境里，我们今天来学课程概念，我就从金老师刚才开场的介绍开始。

　　第一，在教学环境下，我们如何看待教师想要什么，我需要给你什么样的培训关系。这里提到这个关系，比如说，我们之间是什么关系呢？应该是"practitioner"（实践者）和"expert"（专家）之间的关系。因为我们大学的学者们有时候被请到学校去做讲座，别人总是把我们当"专家"，即"expert"。在中小学以及幼儿园工作的老师，我们很多的老师，实际上你们是前沿的，你们是在第一线进行实践操作教育的人，这在英文里叫作"practitioner"，即实践者。"expert"与"practitioner"之间是什么关系？首先，我觉得，"practitioner"和这个"expert"之间应该是有距离的。否则的话，金园长叫我来干什么，对不对。这就是刚才金园长讲的，教育"专家"需要给你什么？你想要会做某个事情，我不会直接教你怎么去做这个事情的。比如，你想画一个杯子，我是不会教你画杯子的，你明白我的意思。如果你想画一个杯子，你看，我就马上教你画一个杯子，我们就只能画一个杯子。道理很简单的，其他事情，不会做的你仍然不会做。

　　画杯子不是目的，我们现在学课程发展的目的就是要给予教师们一种力量，这个力量会让你们超越只想学会怎么画杯子这种需求。我们把学习课程发展当成能起到改变老师教学观念作用的一个途径。要改到什么程度呢，希望你从画杯子，只想把杯子画好，转变到你想做一个艺术家的启蒙老师，我说明白了没有？现在你们手头上的不是杯子，你也不是想把这个杯子画好，在你们手头上的是个孩子，这是个人，他通过学画杯子之类的事情，要成为未来的艺术家。这就是我们说的人才培养。幼儿园的老师是培养人才的启蒙老师，你们的定位不要弄错了。所以，我们现在的老师，首先要对自己有准确的定位。我们要思考，这个思考需要我们有一个想象空间。所以，今年我所有的讲学，第一个任务要扩展大家的想象空间。这是学习课程理念的需要。我以前说过，我通过学习发展自己，如何发展的呢？我觉得我的心被扩大了，变得可以包容，拥有了开放的心态。人什么时候心最大，当你把心打开，开放你的时候，你心最大，是不是？否则的话，它就封闭得很小。

所以我说我们这个学习课程开发呢，希望老师们要有想象力。想象力不在的话，我们就不容易学好。今天你在上幼儿园的一堂课，你需要想象，你现在的教学会影响孩子一生。现在，这个孩子三岁，你的教学可能影响到他三十岁的时候，这么遥远的一个时间距离，我们怎么把这些，把这第一步走好，当他到三十岁的时候，在幼儿园受到的启蒙，成为他这个人生轨迹上的第一步，这是你要给他建立起来的。我希望我们的老师，在你的时间想象里面，请扩大到，不只是某天上一天课；当你能够想到，今天在你眼前这个三岁的孩子到三十岁时的样子，你的想象空间才出来了，否则，教师没有想象力的时候，我们小孩的世界都变得很小。怎么变小的呢，今天孩子上幼儿园，最多上一年，也就毕业了，他的未来在这里就只是在一年。所以，我们老师第一，需要扩大关于课程教学空间与时间的想象力。

我想先问一下各位老师，就是说老师们现在理解的课程是什么。因为金园长反复强调了我们的讲座需要扎根与落地的事情。这个落地的过程，我想象的路径会相反，我是这样理解课程的，它本身就是一片土壤，课程本身就是一片土地，你想从课程这片土壤里面长出什么，生长什么，需要老师们自己的设计。而不只是我把很多关于课程的理念东西送给你。我们今天给予老师这样一个培训，是为了在老师们心中已有课程认识里面发展出新的理解。所以这就是一个有进有出的双向活动。在你来我往的交流中，你们的认识会变得更深刻与全面。我们大家可以知道，我们过去的教育给我们的教育思维模式留下一个非常负面的影响，如张老师说的，那是只有进没有出的单向灌输。很多的教育活动没有完整的过程。当人们受的教育过程不完整的时候，人本身的思考空间就不完整。所以，我们所有的老师们在培训中接受知识与观念的同时，我想怎样让大家产出自己的理解。我在培训教师的时候，不会说今天讲了这些就完事了，还需要老师们融合自己的认识。这个理念种子落地你的课程土壤以后，它产出什么教学理解与行动。一定要有什么新东西产生。这才是一种创造性的学习。关于课程的概念呢，我们要扎根的话，就得先从老师们的认识开始，我希望一开始就由诸位老师自己先对课程这个概念有自己的认识。

大家现在理解的课程概念是什么？你现在认识的课程是什么，什么是课程，或者你认识的课程是什么样的。有没有老师先分享一下。这个东西没有绝对的对错之分，我们每个人都有自己的认识，只不过是你的认识而已。

贾老师："课程的话，需要是原创的，是要对孩子所学到的知识做一个规划。"

太美了，这正是我想说的。我们这个教育里面，你有没有规划这个概念很重要。你以为家长把孩子送来幼儿园了，孩子会自然成长，能成为什么样子就成为什么样子。这种想法是不完全正确的。作为一个老师，你需对你做的事情有规划，像贾老师说的。你需要做的最大的事情，是规划。你今天来了幼儿园，接一个小孩，换一件衣服，教一堂课，那是最具体的事情。如果要规划的话，课程它没有现存的东西，它是看你怎么规划，为孩子规划一些内容，课程是规划出来的。比如，你计划如何让孩子多锻炼体格，提高语言表达能力、增加生活技能等等。还有没有其他的老师有不同的看法，课程是什么。

徐老师："我觉得课程就像一粒种子，它通过老师的认识开始，然后加以原创、创造，最终成为人生轨迹中最坚硬的一块岩石。"

课程作为一粒种子，你讲到了课程内容。课程内容，这也是很好的一粒比喻，作为一粒种子，放在小孩身上去，它能够成为一个什么。这个种子呢，你看小孩能够成为什么。这就是我们在讲的教育受众，教育的受众是小孩，他们能成为什么，就看你怎么做。这也是课程的一种认识。还有没有其他老师有不同的认识。我们经常听到课程这个字，但是老师们很少去理解它的内涵，它到底指什么，我们在说课程的时候，它的意义是什么（What do we mean by curriculum）？

我们来探索一下这个"curriculum"。这是个外来词。课程标准是教育全球化中，我国教育借鉴他国教育的产物。所以，我们的老师需要学习这个课程理念与实践。我们先不说课程作为一个课程来讲，从我们认识的东西开始。我们都知道简历这个词，用英文它叫什么，它叫"CV"，英文全称叫"curriculum vitae"它就是，指一个人的简历，它可涵盖一个人人生当中的一切。为什么人的简历和课程这个单词是一致的呢，它字面意思就是"纵横课程"的意思，简历就是你的课程，意思就是说，你这一生中受到了哪些教养，你怎样成为现在这样一个人的。所以这个课程本身呢，它就成了"the course of one's life"（一生的学习），课程它是人的一生的意思。为什么说这个curriculum vitae 是 the course of one's life（简历就是人的一生）？首先，如果你要用 curriculum vitae 这个概念来帮助你理解的话，它指的是人的一生。

第二，这个长时间它在干什么呢，在这个过程中，它能吸收的东西，就像我们讲的所有的教育。那我们回过头来看，课程里面包含着什么，一个人很长时间受到的教育，课程永远是要以受众为基础的。我们课程的受众是谁，如果你说，你的课程是你发展出来的，你这个受众是谁，你给谁发展？孩子（children），对不对？你在为孩子发展做这个长时间规划，在准备给予他什么样的教育。老师对孩子有极大的影响，所以你对孩子教育设置的规划是很重要的，更进一步说，就是老师是很重要的。一个国家、一个社会，只要它重视教育的话，它就一定会重视老师，因为老师能"决定"整个国家的国民是什么样的。但是我们国家的教育认识还没有达到这种程度。人类社会都是在我们自以为它应该是什么样的想象当中进行的，人类社会最终就是我们人设计出来的，因为你觉得它应该是这样子的，它就是这样子的，对不对？所以你认为学生应该成为什么，你以为应该是怎样的，结果，你的课程设计与规划就教他成为那样的人。这就决定了老师的重要性。教师质量"quality of a teacher"，一个老师的质量就在于什么，你以为人应该是什么样的，你在做教育的时候，你就想把这个小孩培养成什么样子的人，因为你认为，一个人应该是这个样子的。所以，你在设计教育的时候，你按照这个样子去培养他。所以我们怎么看一个老师质量"quality"？一个老师本质的"quality"就是，你认为人应该是什么样子的，因为，你的教育就把这个孩子往这方向去培养。教育中，我们就怕老师的教学课程没有规划，没有思考如何教育学生，没有设想把学生发展成什么样的人。如果教师们一点这样的假设都没有，一点预设都没有，到了学校和教室就只是做事情，不是在做教育。所以"what a person should be"，这是我们老师应该超越你现在教学活动，需要思考的一个最大问题。如果你能够在外面讲得出，你的教育理念是，你要把人培养成什么样的人，你说得出这样的话的时候，人家才从这样的话来评判你的工作质量。你去思考这么大问题的时候，你的工作才有意义。明白我意思没有？所以，一个老师啊，要培养适合一个老师的课程概念，这就是从老师的想象空间开始，老师需要想象"what a person should be?"这个人可能成为什么样的人，你能够给他提供什么样的教育营养，这是你思考与想象的范围。我们的小孩能走到什么地方，他能走到哪去，如果你的教育没有超过教室空间，你没有想象小孩以后走出教室是一个什么样的人，他走出教室，进入社会后就不知所措，是不是？就像一个装在笼子里的小鸡，它长久的关在笼子里，你从来没有告诉它，笼子以外是个什么样的世界。以后，你把它放到笼子以外的时候，它站在这里，出来就害怕，走到哪里都没有自信。因为，不知道外面会发生什么事情。所以我们的老师的课程理念很重要。你会发现，有的教育体制下，从学校与教室里走出来的人，他出去会缺乏自信心。这个没有自信，是一个心理因素，太多的恐惧，太多的不可预测。这不是个人本身的问题。这是教育体制和我们的课程没有把他培养成一个有自信心的人，没有把他的自信心培养出来。因为我们把学生放在一个狭隘的空间里活动，对不对？

在狭隘的教育思想下活动，主要是这样的原因造成的。可以想象一下，狭隘的教育会有什么结果。

另外我们再来看，为什么课程要讲究它的内容。为什么呢？如果这个内容没安排好的话，会产生一个什么样的教育结果？我先让你们预想一下这个结果。这个结果你怎么想，我们在设计一个课程内容的时候，我们所有的课程最终会触动到人，对象是人。我们要想到对象，你们的课程落地落在哪里，落在学生身上。我们在处理课程内容时，一想到课程的时候，它涉及一系列的关系，当然这些关系可能是由一些内容决定的。我们读过高中的，高中里面有文理分科，我最近在我们浙大学生面前也这么讲的。这个文理分科是不是一个课程内容的问题？有些人只能学文科，有些人只能学理科，对不对呢？把课程分为文科和理科，也就是说，我们把课程这块饼切成两半，一半给这些人吃，比方说，这半是鸡蛋做的；另外一半是鱼，给那些人吃。长久以来，会形成一个什么问题？十年以来，从高中到大学都是分科目状态下进行的。七八年让你光吃鸡蛋，另外一帮人这么多年只吃鱼。这样的课程安排会在我们身上形成一个特征，生理上都看得出来，一看你就知道是吃鸡蛋的，看到另外的人，就知道是吃鱼的。在我们中国的大学生身上，一个大学生毕业了走到社会上去，你去看他，他一出来，你一看就知道，他是学哪科的。课程的内容没分配好的话，就形成受众的身体与知识功能不平衡。所以我们设计课程时，一定首先要注意内容要均衡，当然还要注意数量多少，尽量做到足量下的均衡。所以，我们如何看待课程内容？课程的内容是什么？在你对课程理解的时候，你就要知道课程内容的多元性很重要。多元，还要适量，过多过少都不好。这个课程五十年以后对学生也会有用，什么样的课程内容五十年后还可以有用呢，这就是我们说的终身技能与知识情感。我们怎样才知道我们的课程是让学生享用终生的？你怎么知道我这样做课程好不好？我怎么知道我这样做是最好的？这都需要开放式的讨论。

课程内容设计还需看知识的形态，这关系到什么是知识的问题。老师们，知识是怎么样的，你们现在用两分钟思考这个问题。知识到底是什么样的，知识是在什么情况下才出现的，作为一个教育工作者，不思考知识这个概念，就不容易懂课程与学习的概念，就教不好学。教育教学不是把一个人的知识夯实，是要把它变得灵活。我们现有教育的问题之一是把知识形态固体化了。知识它不一定是高山，你学了一大堆，那不一定是你的。我们中国的学生到国外学习，这种知识的形态问题就表现出来了。我经常引用一个学者的文章，作者是用经历叙述的方式来讲她在各个文化环境下的教育经历，她刚到加拿大求学的时候，跟她导师讨论，导师对她有一种印象，觉得她说出来与写出来的内容像高山岩石一样，不会变通，不好沟通。经过在加拿大的多年学习以后，她发现这个知识世界观里面，还有河流与大海，人们对事物的认识因经历与理解而不同。我刚写了一篇短文，题目叫作《大山与大海》，主题是帮助学生们认识知识形态问题的。教育最终要回归到学生如何建构知识而不是背诵知识的认识里。

所以这个知识的形态是什么，什么是知识，这是老师需要思考的。

某老师："知识就是力量"

知识只有在某种条件下它才是力量。背下来的知识和你自身创造出来的知识不一样，你创造出来的知识是力量，你背下来的知识它不一定是力量。我们现在要求的是，怎样把知识转换成力量。那知识本身到底应该是什么样的，知识的形态问题，这是我们做老师的，做课程设计的时候，应该搞清楚的；如果你没把这个问题弄清楚，你的课程设计出来，要么就是高山，要么就是石头。你把它灌输给学生后，学生没什么创造力。我以前讲过，知识可以是高山，也可以是大海。有事实性的硬性知识，也有辩证性的软性知识。为什么我们每次上课都会从很柔软的一个角度切入呢，因为这需要把学生的认知能力考虑到。学生的思想活动与认知基础决定他如何学习与接受知识。只有课程内容与学生经历与生活基础有关时，他才能积极思考与参与，否则，只是被动接受。如何把课程知识与学生的认知基础与生活经历相结合就是一种软性的教学，而不是死记硬背。

设计课程时，需要注意几个关系。哪些关系呢，有的人总以为，做课程就是课程，你老是把课程当成课程来做的时候，就不容易做好。个人和社会层面之间的关系怎么处理？我们在做这个课程设计的时候，个别孩子与全班之间要有不同层次的考虑。"individual"和这个"group"之间如何协调。比如说今天，你这个教室里面有20个人。这个孩子需要某方面的东西，那个孩子需要那方面的东西。可是20个人你怎么能够个个照顾到呢？所以你的课程设计里面，你编排的课里，要注意个人和整个班的效果。这个不仅仅关系一个班，和同年级的班之间的问题，这些怎么平衡。举个简单的例子，你今天教学，如果只想到了某个小孩有特别需要照顾，你就只照顾他。这样一来，就这个小孩感觉到今天你教了，其他孩子就没感觉到你教了什么。你注意到没有，这样会存在着偏差。偏差是怎么出来的，就是这种个体与群体关系没处理好的时候造成的。当然还要处理什么是有用的与什么是无用的教学内容的关系。假如，你正在讨论一个道理，一个孩子站起来说，老师，你教这个没有用，我觉得别的东西才有用。你怎么去思考这个问题呢？一位中学英语老师就遇到这样的情况，上课时他让同学们讨论一个问题，讨论为什么要学英文。有个学生就跳起来说，讨论这个有什么意义，赶紧上课吧。学生可能不知道，要学好英文，就得先弄清这个问题。因为他认为，我上课一分钟一定要收到一分钟的立马效果。因为他觉得，你讲十分钟，竟然一个具体的单词都还没学到，他就这样计算了。他把道理和单词混为一谈，这就成为我们现在这个文化里面的一个大问题，就是不讲道理，只讲数量。这与考试与教学评价有关。比如说，今天这个孩子来了，一定要学一定数量的内容，比如一个单词，明天有两个单词的表现，不论质量如何，数量要有增加才行。你怎么处理这种关系。

课程发展需要教会老师们怎么处理这些问题。因为我们的文化因素里有很多东西是需要老师去发展的。你如何看教学评估。如果评估是看数量，没有质量考虑，你怎么办？比如，学校要求今天这个小孩进来的时候是两个单词，他出去的时候你一定要让他背出四个单词才行。如果这样来衡量你的教学的时候，你怎么办？学生进来的时候是两个单词，他如果出去的时候还是两个单词，你能否说出孩子到底学了什么。你可能说，学生进来的时候他只知道这两个单词，却不会运用这两个词，但出去的时候他学会运用这两个单词了。教师在课程发展中，有责任探索新的评价方式。课程设计需要处理好家校关系。family 和 school，因为一个人的成长，太超越教师或学校可以影响的元素了。家庭以及社会环境都在影响学生。家庭这个元素很重要的，课程设计有时需要老师们一定要把这个关系处理好。在学前教育中，比如，你设计一天学习活动时，有时涉及家长的配合。你的活动在学校里面做了一个部分，孩子回家了以后还可以发挥一下，你能不能把这个任务转给家长进行下去。同样的，设计课程的时候，不要把学习空间全部局限在教室里，就像讲创造力的时候讲过，现在的教育，不是全人格教育，孩子们无法得到全身发展。因为他们就是坐在教室里学习，听课，背书，写题，考试，只有腰部以上的活动，没有在实践与自然界中活动的全身心教育。课程设计中，除了注意家、校关系外，还要处理好老师和学生之间的关系，老师和这个学校里领导之间的关系。课程的实施是在学生中进行的，它的创新与发展需要学校的支持。好的学校，它的领导，能够有更大的灵活性与前瞻性，对老师与课程发展有积极的态度，这样，学生才是终极受益者。

我们怎么知道我们这个教育做得好不好？全球化的当下，我们的教育认识已有国际比较。什么样的教育是国际化的教育？这需要你的视野扩大到一定的程度，看远一点。做教育的人，眼睛就得看远一点。或者说，老师都是在做教育的呀，那么你的课程，怎么样做才能做到国际教育，明白我意思没有？这就对我们老师又提出很大的挑战。这个孩子从你班中走出来，通过你这个老师规划教育出来，如何才成为真正的国际公民，我们怎么做国际公民教育的？国际教育是怎么来的？第一大问题就是视野，视野的问题，扩展视野，要想到孩子的未来会在国际化的社会生存，这样我们的课程才会触及他们的未来需要。

刚才讲了课程概念，课程内容设计，以及课程设计时需要考虑各种教育关系问题。最后，我要讲课程评价问题。讲到现在，我可能让大家开始认识到教育教学是个复杂的社会文化活动，也是每个人的个人行为，局限于一个人的经历、认识、个性以及能力等，比如家长、老师、学生或校长都是关键因素。教育教学的复杂性就怕评估的简单化，课程评价是教育教学的核心部分。当前义务教育阶段中，课程设置首先还是一个国家行为。我们新的课程标准的建立是国家教育部主导的。在我国，教师只是课程标准的实施者与诠释者，在课程标准与教材已确定的条件下，老师就只是课堂的实施者。因此，当前的教育教学评估对象应该是教育部与学校层面，而不是教师与学生层面，因为他们没有任何主动权。因此把课程评价焦点放在老师与学生身上时，就出现误区。这个误区表现在老师没有被给予任何主权，比如在课程与教材安排上没有权利只有义务，还要承担教育效果的大责任。因此，教育教学评价时，就只关注细枝末节的事，比如，老师上课的技巧，课堂引入的花招，老师完成的课程与课本内容的量性计算，还有就是非常生硬地去计算课堂上老师与学生互动的时间等等。还通过名目繁多的教学比赛来比这些花招。尤其是把学生考试分数与升学率加入教学评价后，老师们的才智就各显神通地去搞分数与升学率，没人关注与评价学生到底学了什么，也没有人在乎个人成长的问题。因此，课程评价要看课程内容的设计者，而不是只看课程实施者的效果。课程评价需要更大的教育视野来看，谁是教育教学的责任人与决策者。课程的受众是学生，所以，教育与课程评价最终要看教育发展了什么样的人才与国家公民。这是一个国家责任，而不单纯是教师责任。

在教育教学环节里，如何评价课程呢？我们做这一切，我们把视角最终会放在什么上，孩子身上。也就是说，课程的内容，课程的方式以及课程的评价都可以把它全都集中在孩子身上。我们简单地想象，随时可以列出几点，一个孩子，你看他看什么，我们问一下老师，你看孩子，你的课程效果，我们怎么去看他。一个是它们能做什么。"What they do"，他能做什么，对不对。他玩，是怎么玩的，可不可以看出来他学了什么？也就是说以后你评价方式不要总是拿着一个考试就行了。看课程与教育效果，你可以从学生做什么里面去看，看他怎么做，再就是看他玩，在玩里面怎么表现的。总之，要从学生的日常行动中去看教育与课程效果。比如，孩子们玩的状态为什么也可以作为评价的方式，看一个幼儿园的教育效果呢？这里面有好多种能力表现。可以看他的语言能力，还有他的数字能力你也看得出来。比如，一个孩子今天讲话的时候，她说我今天吃了三个苹果，两个鸡蛋，这个数字就有了。还有，老师如果细心的话，可以观察到孩子们的数字感。比如，你从一点开始做一个活动，做了三十分钟之后，你可以问学生，几点了。如果孩子说，现在两点了，老师在这样的时候是进行数学教学的好机会。孩子们的数量学习还可以在其他起居中。比如，老师给孩子一杯水，你可以帮助学生认识与表达，满杯，半杯以及三分之一杯等度量概念。这都可以作为教学与课程评价。同样的，我们怎么来看孩子们在日常说话的时候表现出来的其他能力，学生的观察力与想象力等。孩子可不可以观察，他会不会观察，他观察不观察，这都是看小孩子的教育结果的方面，还有孩子们有没有表现想象力，孩子解决问题的能力等都可以在日常生活中进行。这些孩子，还能够发现问题，注意到没有。所以，一个孩子能发现多少问题，他有没有提出疑问，这些都是我们要观察的。除了语言与数字这些，对于幼儿园里，较小的孩子，两三岁到五六岁的孩子，我们要不要关注他的身体成长，身体反应？这也是我们学前课程要考虑的。那我们怎样去影响幼儿孩子的身心活动？音乐、艺术、舞蹈与戏剧都是好的材料。这些都是我们整个课程可以对孩子产生好的学习的方法。对于大一点的孩子，我们的课程里面加入科学、社会、自然等知识。课程与教学评价需要从以上的大处着手，不要只看一个四十分钟的课，信息足不足。现在我们评价课，最怕就是说你这节课信息足不足。不再这样看课程，我们一定要看这个课程它有没有把这个灵活的、互动的、可变的认识体系调动起来。比如说，孩子三岁的时候，对世界认识应该是这样子的，所以你只能教到他这个程度，到了四岁的时候，到了五岁的时候，到了六岁的时候，应该是什么样的，只有你认识到孩子的发展特点，你的教学才是真正好的，你不能把三岁的孩子当成他三十岁的人来教，把知识一下子扔给他。

　　这就是我们今天讲的课程概念、我们的课程，从教育教学要考虑一个人应该成为一个什么样的人，到人怎样学习知识，以及教育如何影响人的角度来看课程概念，内容以及评价方式。教学评估如何看课程与教学如何对一个孩子产生影响，看他有什么行为上的反应，他怎么思考，他怎么衡量，他怎么表述，他怎么观察，他怎么沟通，他怎么发现问题。这都是课程在小孩行为上表现出来效果。那这些行为，具体到我们现在说的正规的课程上，我们前面说的课程是广泛意义上的课程，我们课程内容与教学评价不能只把知识看成岩石，是可以数清楚与度量化的。所以我们今天讲了这个课程，我希望大家以后在教学的时候，扩大你的思考空间，在你的教学里课程和教学是连在一起的。然而基础教育中课程内容是国家规定的，教学是老师的行为。课程、教学和评价这三个方面都最终影响学生的学习效果。老师教学只是其中的小小的部分，这是我们平常需要注意的。因此，老师在不能决定课程内容、评价方式的情况下，不能承担教育后果的责任，当然学生更不能担当教育效果的责任。因为，这个制度没有赋予他们这个权力。如果国家把这些权力交给老师与学生时，让他们自己决定课程内容与评价方式时，老师与学生就需要承担这个教育效果的责任。

今天的课程开发能够让我们的老师最终要产出想法与行动。现在我强调的是，老师们过去的学习是积累式的，背诵式的。那我们现在要讲的是，老师如何产出不同的教学。现在我们讲评价时，我们要看产出，我们要用一个新的视角来看，我们怎么看你们的课程产出，就看学生的产出，学生学到了什么东西，受到了什么影响。这就是我们最终的评价。所以老师的价值在于你产出的课程内容，以及课程对学生产生的影响，这就是你的创造力。

致　谢

　　这本书集合了本人 2009 年至 2013 年的写作片段与随想碎片。当我把这些当初显得杂乱无序的篇目交给出版社时心怀忐忑，因为对这些碎片的整理需要敏锐的出版视角和很大的编辑力量。非常感谢东方出版社的黄晓玉女士接手这本文集的出版，对这本书出版的全过程提出高质量要求和精心指导。没有晓玉的远见，这本书就无从与读者见面。尤其感谢本书的编辑王绍君，她潜心编排，把这些篇目整理成现在的章节布局，并为每个章节找到相应的名言导读，为读者提供了重要的导读信息。衷心感谢东方出版社编辑团队为这本书的出版所做的工作。

赵宏琴

2015 年 6 月